# Vietnamesisk Smaksfest for Nybegynnere
# En Enkel Kokebok med Autentiske Retter

## Linh Nguyen

## Innholdsfortegnelse

*Krydret stekt svinekjøtt* ........ 9
*dampede svineboller* ........ 10
*svinekjøtt med kål* ........ 12
*Svinekjøtt med kål og tomater* ........ 14
*Marinert svinekjøtt med kål* ........ 15
*Svinekjøtt med selleri* ........ 17
*Svinekjøtt med kastanjer og sopp* ........ 18
*Svinekotelett Suey* ........ 18
*Svinekjøtt Chow Mein* ........ 21
*Stekt svinekjøtt Chow Mein* ........ 23
*svinekjøtt med chutney* ........ 24
*svinekjøtt med agurk* ........ 25
*Sprø svinekjøttbunter* ........ 26
*svine egg ruller* ........ 27
*Eggruller med svin og reke* ........ 28
*Braisert svinekjøtt med egg* ........ 29
*brennende gris* ........ 29
*stekt svinekjøtt* ........ 31
*Svinekjøtt med fem krydder* ........ 31
*Duftende braisert svinekjøtt* ........ 32
*Svinekjøtt med hakket hvitløk* ........ 33
*Stekt svinekjøtt med ingefær* ........ 34
*Svinekjøtt med grønne bønner* ........ 35
*Svinekjøtt med skinke og tofu* ........ 36
*Stekte svinespyd* ........ 38
*Braisert svineknoke i rød saus* ........ 39
*marinert svinekjøtt* ........ 41
*Marinerte svinekoteletter* ........ 42
*Svinekjøtt med sopp* ........ 43
*dampet kjøttkake* ........ 44
*Rødkokt svinekjøtt med sopp* ........ 45
*Svinekjøtt nudler pannekake* ........ 46

Svinekjøtt og reker med nudelpannekake ..................................... 47
Svinekjøtt med østerssaus ............................................................. 48
gris med peanøtter ........................................................................ 49
Svinekjøtt med paprika ................................................................. 51
Krydret svinekjøtt med sylteagurk ................................................ 52
Svinekjøtt med plommesaus ......................................................... 53
Svinekjøtt med reker .................................................................... 54
rødt kokt svinekjøtt ...................................................................... 55
Svinekjøtt i rød saus ..................................................................... 56
Svinekjøtt med risnudler .............................................................. 58
rike svinekjøttballer ..................................................................... 60
stekte pinnekjøtt ........................................................................... 61
krydret svinekjøtt .......................................................................... 62
Glatte svinekjøttskiver .................................................................. 64
Svinekjøtt med spinat og gulrøtter ............................................... 65
dampet svinekjøtt ......................................................................... 66
stekt svinekjøtt .............................................................................. 67
Svinekjøtt med søtpoteter ............................................................. 68
Svin i sursøt-saus ......................................................................... 69
salt gris ........................................................................................ 71
svinekjøtt med tofu ....................................................................... 72
stekt gris ...................................................................................... 73
to ganger kokt svinekjøtt .............................................................. 74
Svinekjøtt med grønnsaker ........................................................... 75
Svinekjøtt med nøtter ................................................................... 77
svinekjøtt wontons ........................................................................ 78
Svinekjøtt med vannkastanjer ...................................................... 79
Svinekjøtt og reker wontons ......................................................... 80
Dampet kjøttboller ....................................................................... 81
Babyribbe med svart bønnesaus .................................................. 83
Grillet ribbe ................................................................................. 85
Stekt Maple Ribs .......................................................................... 86
stekt svineribbe ............................................................................ 87
Ribbe med purre .......................................................................... 88
Ribbe med sopp ........................................................................... 90
Ribbe med appelsin ...................................................................... 91

*Ananas ribbe* ............................................................................................ *93*
*Sprø rekeribbe* ......................................................................................... *95*
*Ribbe med risvin* .................................................................................... *96*
*Ribbe med sesamfrø* ............................................................................... *97*
*Søt og mild spareribs* ............................................................................. *99*
*Sautert ribbe* ......................................................................................... *101*
*Ribbe med tomat* .................................................................................. *102*
*Grillet svinekjøtt* ................................................................................... *104*
*Kaldt svinekjøtt med sennep* ................................................................. *105*
*kinesisk stekt svinekjøtt* ........................................................................ *106*
*svinekjøtt med spinat* ............................................................................ *107*
*stekte svineboller* .................................................................................. *108*
*Eggruller med svin og reke* ................................................................... *109*
*Dampet hakket svinekjøtt* ..................................................................... *111*
*Stekt svinekjøtt med krabbekjøtt* ........................................................... *112*
*Svinekjøtt med bønnespirer* .................................................................. *113*
*Enkel kyllingrøre* .................................................................................. *114*
*Kylling i tomatsaus* ............................................................................... *116*
*Kylling med tomater* ............................................................................. *117*
*Posjert kylling med tomater* .................................................................. *118*
*Kylling og tomater med svart bønnesaus* .............................................. *119*
*Rask tilberedt kylling med grønnsaker* ................................................. *120*
*kylling med nøtter* ................................................................................. *121*
*Kylling med valnøtter* ........................................................................... *122*
*Kylling med vannkastanjer* ................................................................... *123*
*Saltet kylling med vannkastanjer* .......................................................... *124*
*kylling wontons* ..................................................................................... *126*
*sprø kyllingvinger* ................................................................................. *127*
*Five Spice Chicken Wings* .................................................................... *128*
*Marinerte kyllingvinger* ........................................................................ *129*
*Kongelige kyllingvinger* ....................................................................... *131*
*Krydret kyllingvinger* ........................................................................... *133*
*Grillede kyllinglår* ................................................................................. *134*
*Hoisin kyllinglår* ................................................................................... *135*
*stekt kylling* .......................................................................................... *136*
*sprøstekt kylling* .................................................................................... *137*

Hel stekt kylling ............................................................. 139
fem krydder kylling ......................................................... 140
Kylling med ingefær og gressløk .................................... 142
posjert kylling ................................................................ 143
Rød kokt kylling ............................................................. 144
Kylling med krydder tilberedt i rødt .............................. 145
Grillet sesamkylling ....................................................... 146
Kylling i soyasaus .......................................................... 147
dampet kylling ................................................................ 148
Dampet kylling med anis ................................................ 149
rart smakende kylling ..................................................... 150
sprø kyllingbiter ............................................................. 151
Kylling med grønne bønner ........................................... 152
Kylling tilberedt med ananas ......................................... 153
Kylling med paprika og tomater .................................... 154
sesamkylling ................................................................... 155
stekte poussins ............................................................... 156
Tyrkia med Mangetout ................................................... 157
Kalkun med paprika ....................................................... 159
kinesisk stekt kalkun ...................................................... 161
Kalkun med valnøtter og sopp ....................................... 162
and med bambusskudd ................................................... 163
And med bønnespirer ..................................................... 164
stuet and ......................................................................... 165
Dampet and med selleri ................................................. 166
and med ingefær ............................................................. 167
And med grønne bønner ................................................ 169
stekt dampet and ............................................................ 171
And med eksotiske frukter ............................................. 172
Braisert and med kinesiske blader ................................. 174
full and ........................................................................... 175
fem krydder and ............................................................. 176
Opprørt and med ingefær ............................................... 177
And med skinke og purre ............................................... 178
stekt and med honning ................................................... 179
våt stekt and ................................................................... 180

Sautert and med sopp ................................................................. *182*
and med to sopp ........................................................................ *184*
Braisert and med løk ................................................................. *185*
And med appelsin ..................................................................... *187*
stekt and med appelsin .............................................................. *188*
And med pærer og kastanjer ..................................................... *189*
pekingand ................................................................................. *190*
Stuet and med ananas .............................................................. *193*
Sautert and med ananas ........................................................... *194*
Ananas ingefærand ................................................................... *196*
And med ananas og litchi .......................................................... *197*
And med svinekjøtt og kastanjer ................................................ *198*
And med poteter ....................................................................... *199*
Rød kokt and ............................................................................ *201*
Risvinstekt and ......................................................................... *202*
Dampet and med risvin ............................................................. *203*
salt and .................................................................................... *204*
Saltet and med grønne bønner .................................................. *205*
saktekokt and ........................................................................... *207*
Sautert and .............................................................................. *208*
and med søtpoteter .................................................................. *209*
søt og sur and .......................................................................... *211*
mandarin and ........................................................................... *214*
And med grønnsaker ................................................................ *214*
Sautert and med grønnsaker ..................................................... *216*
Hvit kokt and ............................................................................ *218*
and med vin ............................................................................. *219*

*Krydret stekt svinekjøtt*

for 4 personer

450 g / 1 lb svinekjøtt, i terninger

salt og pepper

30 ml / 2 ss soyasaus

30 ml / 2 ss hoisinsaus

45 ml / 3 ss peanøttolje (peanøtter)

120 ml / 4 fl oz / ½ kopp risvin eller tørr sherry

300 ml / ½ pt / 1¼ kopper kyllingbuljong

5 ml / 1 ts fem krydderpulver

6 vårløk (skålløk), hakket

8 oz / 225 g østerssopp, i skiver

15 ml / 1 ss maismel (maisstivelse)

Krydre kjøttet med salt og pepper. Legg på en tallerken og bland sammen soyasaus og hoisinsaus. Dekk til og la marinere i 1 time. Varm oljen og stek kjøttet til det er gyllent. Tilsett vin eller sherry, kraft og femkrydderpulver, kok opp, dekk til og la det småkoke i 1 time. Tilsett løk og sopp, ta av lokket og la det småkoke i ytterligere 4 minutter. Bland maisenna med litt vann, kok opp og la det småkoke under omrøring i 3 minutter til sausen tykner.

*dampede svineboller*

12 siden

30 ml / 2 ss hoisinsaus

15 ml / 1 ss østerssaus

15 ml / 1 ss soyasaus

2,5 ml / ½ ts sesamolje

30 ml / 2 ss peanøttolje

10 ml / 2 ts revet ingefærrot

1 knust hvitløksfedd

300 ml / ½ pt / 1¼ kopper vann

15 ml / 1 ss maismel (maisstivelse)

225g / 8oz kokt svinekjøtt, finhakket

4 vårløk (skålløk), finhakket

350 g / 12 oz / 3 kopper vanlig mel (alle formål)

15 ml / 1 ss bakepulver

2,5 ml / ½ ts salt

50 g / 2 oz / ½ kopp smult

5 ml / 1 ts vineddik

12 x 13 cm firkanter av vokset papir

Bland sammen hoisin, østers og soyasaus og sesamolje. Varm oljen og stek ingefær og hvitløk til de er lett gylne. Tilsett sausblandingen og stek i 2 minutter. Bland 120 ml / ½ kopp vann med maismelet og rør inn i pannen. Kok opp under omrøring og la det småkoke til blandingen tykner. Tilsett svinekjøtt og løk og la avkjøles.

Bland mel, bakepulver og salt. Gni inn smult til blandingen minner om fine brødsmuler. Bland vineddiken og det resterende vannet og bland det deretter med melet til en fast deig. Elt lett på en melet overflate, dekk til og la hvile i 20 minutter.

Elt deigen igjen, del den i 12 og form hver til en ball. Kjevle ut til 15 cm/6in sirkler på en melet overflate. Slipp dukker av fyllet i midten av hver sirkel, børst kantene med vann og klyp kantene sammen for å forsegle fyllet. Pensle den ene siden av hver bakepapirfirkant med olje. Legg hver bolle på en papirfirkant, med sømsiden ned. Legg boller i ett lag på en damprist over kokende vann. Dekk til og damp bollene i ca 20 minutter til de er gjennomstekt.

*svinekjøtt med kål*

for 4 personer

6 tørkede kinesiske sopp

30 ml / 2 ss peanøttolje

450 g / 1 lb svinekjøtt, kuttet i strimler

2 løk i skiver

2 røde paprika kuttet i strimler

350g / 12oz hvitkål, strimlet

2 hakkede hvitløksfedd

2 stykker ingefær, hakket

30 ml / 2 ss honning

45 ml / 3 ss soyasaus

120 ml / 4 fl oz / ½ kopp tørr hvitvin

salt og pepper

10 ml / 2 ts maismel (maisstivelse)

15 ml / 1 spiseskje vann

Bløtlegg soppen i lunkent vann i 30 minutter, og tøm deretter. Kast stilkene og skjær av toppene. Varm oljen og stek svinekjøttet til det er lett gyldent. Tilsett grønnsaker, hvitløk og ingefær og stek i 1 minutt. Tilsett honning, soyasaus og vin, kok opp, dekk til og la det småkoke i 40 minutter til kjøttet er kokt. Krydre med salt og pepper. Bland maismel og vann og rør inn i kjelen. Kok opp under konstant omrøring og la det småkoke i 1 minutt.

*Svinekjøtt med kål og tomater*

for 4 personer

*30 ml / 2 ss peanøttolje*

*450 g / 1 lb magert svinekjøtt, i skiver*

*salt og nykvernet pepper*

*1 knust hvitløksfedd*

*1 finhakket løk*

*½ kål, strimlet*

*450 g / 1 lb tomater, flådd og delt i kvarte*

*250 ml / 8 fl oz / 1 kopp buljong*

*30 ml / 2 ss maismel (maisstivelse)*

*15 ml / 1 ss soyasaus*

*60 ml / 4 ss vann*

Varm oljen og stek svinekjøtt, salt, pepper, hvitløk og løk til de er lett gylne. Tilsett kål, tomater og buljong, kok opp, dekk til og la det småkoke i 10 minutter til kålen er mør. Bland maismel, soyasaus og vann til en pasta, rør inn i kjelen og la det småkoke under omrøring til sausen tynner og tykner.

*Marinert svinekjøtt med kål*

for 4 personer

*350 g / 12 oz bacon*

*2 løkløk (løkløk), hakket*

*1 skive ingefærrot, hakket*

*1 kanelstang*

*3 stjerneanis nellik*

*45 ml / 3 ss brunt sukker*

*600 ml / 1 pt / 2½ kopper vann*

*15 ml / 1 ss peanøttolje*

*15 ml / 1 ss soyasaus*

*5 ml / 1 ts tomatpuré (pasta)*

*5 ml / 1 ts østerssaus*

*100g / 4oz kinakålhjerter*

*100 g / 4 oz pak choi*

Skjær svinekjøttet i 10 cm / 4 stykker og legg i en bolle. Tilsett gressløk, ingefær, kanel, stjerneanis, sukker og vann og la stå i 40 minutter. Varm opp oljen, fjern svinekjøttet fra marinaden og tilsett det i pannen. Stek til de er lett gyldne og tilsett deretter soyasaus, tomatpuré og østerssaus. Kok opp og la det småkoke i ca 30 minutter til svinekjøttet er mørt og væsken er redusert, tilsett eventuelt litt mer vann under kokingen.

Damp i mellomtiden kålhjerter og pak choi over kokende vann i ca 10 minutter til de er akkurat møre. Legg dem på en varm serveringsplate, topp med svinekjøttet og hell over sausen.

*Svinekjøtt med selleri*

for 4 personer

*45 ml / 3 ss peanøttolje (peanøtter)*

*1 knust hvitløksfedd*

*1 vårløk (skålløk), hakket*

*1 skive ingefærrot, hakket*

*225 g / 8 oz magert svinekjøtt, kuttet i strimler*

*100g / 4oz selleri, skåret i tynne skiver*

*45 ml / 3 ss soyasaus*

*15 ml / 1 ss risvin eller tørr sherry*

*5 ml / 1 ts maismel (maisstivelse)*

Varm oljen og stek hvitløk, vårløk og ingefær lett gylden. Tilsett svinekjøttet og stek i 10 minutter til det er brunt. Tilsett sellerien og stek i 3 minutter. Tilsett resten av ingrediensene og stek i 3 minutter.

*Svinekjøtt med kastanjer og sopp*

for 4 personer

4 tørkede kinesiske sopp

100 g / 4 oz / 1 kopp kastanjer

30 ml / 2 ss peanøttolje

2,5 ml / ½ ts salt

450 g / 1 lb magert svinekjøtt, i terninger

15 ml / 1 ss soyasaus

375 ml / 13 fl oz / 1 ½ kopper kyllingbuljong

100g / 4oz vannkastanjer, i skiver

Bløtlegg soppen i lunkent vann i 30 minutter, og tøm deretter. Kast stilkene og del toppene i to. Blancher kastanjene i kokende vann i 1 minutt og la dem renne av. Varm opp olje og salt og stek deretter svinekjøttet til det er lett brunt. Tilsett soyasausen og stek i 1 minutt. Tilsett buljongen og kok opp. Tilsett kastanjene og vannkastanjene, kok opp igjen, dekk til og la det småkoke i ca 1 1/2 time til kjøttet er mørt.

*Svinekotelett Suey*

for 4 personer

*100g / 4oz bambusskudd, kuttet i strimler*
*100g / 4oz vannkastanjer, skåret i tynne skiver*
*60 ml / 4 ss peanøttolje*
*3 løkløk (løkløk), hakket*
*2 knuste hvitløksfedd*
*1 skive ingefærrot, hakket*
*225 g / 8 oz magert svinekjøtt, kuttet i strimler*
*45 ml / 3 ss soyasaus*
*15 ml / 1 ss risvin eller tørr sherry*
*5 ml / 1 ts salt*
*5 ml / 1 ts sukker*
*nykvernet pepper*
*15 ml / 1 ss maismel (maisstivelse)*

Blancher bambusskuddene og vannkastanjene i kokende vann i 2 minutter, tøm deretter av og tørk. Varm 45 ml / 3 ss olje og stek vårløk, hvitløk og ingefær lett gylden. Tilsett svinekjøttet og stek i 4 minutter. Fjern fra pannen.

Varm opp den resterende oljen og stek grønnsakene i 3 minutter. Tilsett svinekjøtt, soyasaus, vin eller sherry, salt, sukker og en klype pepper og stek i 4 minutter. Bland maismelet med litt vann, rør det inn i pannen og kok på svak varme under omrøring til sausen tynner og tykner.

*Svinekjøtt Chow Mein*

for 4 personer

*4 tørkede kinesiske sopp*
*30 ml / 2 ss peanøttolje*
*2,5 ml / ½ ts salt*
*4 vårløk (skålløk), hakket*
*225 g / 8 oz magert svinekjøtt, kuttet i strimler*
*15 ml / 1 ss soyasaus*
*5 ml / 1 ts sukker*
*3 stilker selleri hakket*
*1 løk, kuttet i terninger*
*100 g / 4 oz sopp, delt i to*
*120 ml / 4 fl oz / ½ kopp kyllingbuljong*
*stekte nudler*

Bløtlegg soppen i lunkent vann i 30 minutter, og tøm deretter. Kast stilkene og skjær av toppene. Varm olje og salt og stek vårløken til den er myk. Tilsett svinekjøttet og stek til det er lett gyldent. Bland soyasaus, sukker, selleri, løk og fersk og tørket sopp sammen og surr i ca. 4 minutter til ingrediensene er godt blandet. Tilsett buljong og la det småkoke i 3 minutter.

Tilsett halvparten av nudlene i pannen og rør forsiktig, tilsett deretter de resterende nudlene og rør til de er gjennomvarme.

*Stekt svinekjøtt Chow Mein*

for 4 personer

*100g / 4oz bønnespirer*
*45 ml / 3 ss peanøttolje (peanøtter)*
*100 g / 4 oz bok choy, strimlet*
*8 oz / 225 g svinestek, i skiver*
*5 ml / 1 ts salt*
*15 ml / 1 ss risvin eller tørr sherry*

Blancher bønnespirene i kokende vann i 4 minutter, og tøm deretter. Varm oljen og stek bønnespirene og kålen til de er myke. Tilsett svinekjøtt, salt og sherry og fres til det er gjennomvarmet. Tilsett halvparten av de drenerte nudlene i pannen og rør forsiktig til de er gjennomvarme. Tilsett de resterende nudlene og rør til de er gjennomvarme.

svinekjøtt med chutney

for 4 personer

*5 ml / 1 ts fem krydderpulver*

*5 ml / 1 ts karripulver*

*450 g / 1 lb svinekjøtt, kuttet i strimler*

*30 ml / 2 ss peanøttolje*

*6 vårløk (skålløk), kuttet i strimler*

*1 stangselleri, kuttet i strimler*

*100g / 4oz bønnespirer*

*1 200 g / 7 oz krukke kinesiske søte agurker, i terninger*

*45 ml / 3 ss mangochutney*

*30 ml / 2 ss soyasaus*

*30 ml / 2 ss tomatpuré (pasta)*

*150 ml / ¼ pt / sjenerøs ½ kopp kyllingbuljong*

*10 ml / 2 ts maismel (maisstivelse)*

Gni krydderne godt inn i svinekjøttet. Varm oljen og stek kjøttet i 8 minutter eller til det er gjennomstekt. Fjern fra pannen. Tilsett grønnsakene i pannen og stek i 5 minutter. Ha svinekjøttet tilbake i pannen med alle de resterende ingrediensene unntatt maismelet. Rør til rykende varmt. Bland maismelet med litt vann, rør i pannen og kok på svak varme under omrøring til sausen tykner.

*svinekjøtt med agurk*

for 4 personer

*225 g / 8 oz magert svinekjøtt, kuttet i strimler*
*30 ml / 2 ss vanlig mel (alle formål)*
*salt og nykvernet pepper*
*60 ml / 4 ss peanøttolje*
*225 g / 8 oz agurk, skrellet og skåret i skiver*
*30 ml / 2 ss soyasaus*

Bland svinekjøttet med melet og smak til med salt og pepper. Varm oljen og stek svinekjøttet i ca 5 minutter til det er gjennomstekt. Tilsett agurk og soyasaus og stek i ytterligere 4 minutter. Sjekk og juster krydder og server med stekt ris.

*Sprø svinekjøttbunter*

for 4 personer

*4 tørkede kinesiske sopp*

*30 ml / 2 ss peanøttolje*

*225 g / 8 oz svinefilet, hakket (kvernet)*

*50g / 2oz reker, skrellet og hakket*

*15 ml / 1 ss soyasaus*

*15 ml / 1 ss maismel (maisstivelse)*

*30 ml / 2 ss vann*

*8 vårruller*

*100 g / 4 oz / 1 kopp maismel (maisstivelse)*

*frityrolje*

Bløtlegg soppen i lunkent vann i 30 minutter, og tøm deretter. Kast stilkene og finhakk toppen. Varm oljen og stek sopp, svinekjøtt, reker og soyasaus i 2 minutter. Bland maismel og vann til du får en pasta og rør inn i blandingen for å lage fyllet.

Skjær omslagene i strimler, legg litt fyll i enden av hver og rull til trekanter, forsegl med litt av mel- og vannblandingen. Dryss rikelig med maismel. Varm oljen og stek trekantene til de er sprø og gylne. Tøm godt før servering.

*svine egg ruller*

for 4 personer

*225 g / 8 oz magert svinekjøtt, strimlet*

*1 skive ingefærrot, hakket*

*1 hakket vårløk*

*15 ml / 1 ss soyasaus*

*15 ml / 1 spiseskje vann*

*12 eggrullskinn*

*1 sammenvispet egg*

*frityrolje*

Bland svinekjøtt, ingefær, løk, soyasaus og vann. Legg litt av fyllet i midten av hvert skinn og mal kantene med sammenvispet egg. Brett sidene inn og rull deretter eggerullen vekk fra deg, forsegl kantene med egg. Damp på rist i dampkoker i 30 minutter til svinekjøttet er gjennomstekt. Varm oljen og stek i noen minutter til den er sprø og gylden.

*Eggruller med svin og reke*

for 4 personer

*30 ml / 2 ss peanøttolje*

*225 g / 8 oz magert svinekjøtt, strimlet*

*6 vårløk (skålløk), hakket*

*225g / 8oz bønnespirer*

*100g / 4oz skrellede reker, hakket*

*15 ml / 1 ss soyasaus*

*2,5 ml / ½ ts salt*

*12 eggrullskinn*

*1 sammenvispet egg*

*frityrolje*

Varm oljen og stek svinekjøttet og gressløken til den er lett gylden. I mellomtiden blancherer du bønnespirene i kokende vann i 2 minutter, og tøm deretter. Tilsett bønnespirene i pannen og fres i 1 minutt. Tilsett rekene, soyasausen og saltet og stek i 2 minutter. La avkjøles.

Legg litt fyll i midten av hvert skinn og pensle kantene med sammenvispet egg. Brett sidene inn og rull deretter sammen eggrullene, forsegle kantene med egg. Varm oljen og stek eggerullene til de er sprø og gylne.

*Braisert svinekjøtt med egg*

for 4 personer

*450 g / 1 pund magert svinekjøtt*
*30 ml / 2 ss peanøttolje*
*1 hakket løk*
*90 ml / 6 ss soyasaus*
*45 ml / 3 ss risvin eller tørr sherry*
*15 ml / 1 ss brunt sukker*
*3 hardkokte (hardkokte) egg*

Kok opp en kasserolle med vann, tilsett svinekjøttet, kok opp igjen og kok til det er lukket. Fjern fra pannen, renn godt av, og kutt deretter i terninger. Varm oljen og stek løken til den er myk. Tilsett svinekjøttet og stek til det er lett gyldent. Tilsett soyasaus, vin eller sherry og sukker, dekk til og la det småkoke i 30 minutter, rør av og til. Skjær lett utsiden av eggene, og legg dem deretter i pannen, dekk til og la det småkoke i ytterligere 30 minutter.

*brennende gris*

for 4 personer

*450 g / 1 pund svinefilet, kuttet i strimler*

*30 ml / 2 ss soyasaus*

*30 ml / 2 ss hoisinsaus*

*5 ml / 1 ts fem krydderpulver*

*15 ml / 1 ss pepper*

*15 ml / 1 ss brunt sukker*

*15 ml / 1 ss sesamolje*

*30 ml / 2 ss peanøttolje*

*6 vårløk (skålløk), hakket*

*1 grønn paprika kuttet i biter*

*200g / 7oz bønnespirer*

*2 ananasskiver, i terninger*

*45 ml / 3 ss tomatsaus (ketchup)*

*150 ml / ¼ pt / sjenerøs ½ kopp kyllingbuljong*

Legg kjøttet i en bolle. Bland soyasaus, hoisinsaus, femkrydderpulver, pepper og sukker, hell over kjøttet og mariner i 1 time. Varm opp oljene og stek kjøttet til det er gyldent. Fjern fra pannen. Tilsett grønnsakene og stek i 2 minutter. Tilsett ananas, tomatsaus og buljong og kok opp. Ha kjøttet tilbake i pannen og varm opp før servering.

*stekt svinekjøtt*

for 4 personer

*350 g / 12 oz svinefilet, i terninger*
*15 ml / 1 ss risvin eller tørr sherry*
*15 ml / 1 ss soyasaus*
*5 ml / 1 ts sesamolje*
*30 ml / 2 ss maismel (maisstivelse)*
*frityrolje*

Bland svinekjøtt, vin eller sherry, soyasaus, sesamolje og maismel slik at svinekjøttet er dekket av en tykk røre. Varm oljen og stek svinekjøttet i ca 3 minutter til det er sprøtt. Ta svinekjøttet ut av pannen, varm oljen på nytt og stek igjen i ca 3 minutter.

*Svinekjøtt med fem krydder*

for 4 personer

*225 g / 8 oz magert svinekjøtt*

*5 ml / 1 ts maismel (maisstivelse)*

*2,5 ml / ½ ts fem krydderpulver*

*2,5 ml / ½ ts salt*

*15 ml / 1 ss risvin eller tørr sherry*

*20 ml / 2 ss peanøttolje*

*120 ml / 4 fl oz / ½ kopp kyllingbuljong*

Skjær svinekjøttet i tynne skiver mot kornet. Bland svinekjøttet med maismel, femkrydderpulver, salt og vin eller sherry og rør godt for å belegge svinekjøttet. La stå i 30 minutter, rør av og til. Varm opp oljen, tilsett svinekjøttet og stek i ca 3 minutter. Tilsett buljong, kok opp, dekk til og la det småkoke i 3 minutter. Server umiddelbart.

*Duftende braisert svinekjøtt*

Serverer 6 til 8

*1 stykke mandarinskall*

*45 ml / 3 ss peanøttolje (peanøtter)*

*900 g / 2 lbs magert svinekjøtt, i terninger*

*250 ml / 1 kopp risvin eller tørr sherry*

*120 ml / 4 fl oz / ½ kopp soyasaus*

*2,5 ml / ½ teskje anispulver*

*½ kanelstang*

*4 tenner*

*5 ml / 1 ts salt*

*250 ml / 8 fl oz / 1 kopp vann*

*2 løkløk (skålløk), i skiver*

*1 skive ingefærrot, hakket*

Bløtlegg mandarinskallet i vann mens du forbereder retten. Varm oljen og stek svinekjøttet til det er lett gyldent. Tilsett vin eller sherry, soyasaus, anispulver, kanel, nellik, salt og vann. Kok opp, tilsett mandarinskall, vårløk og ingefær. Dekk til og la det småkoke i ca 1½ time til de er møre, rør av og til og tilsett litt mer kokende vann om nødvendig. Fjern krydder før servering.

*Svinekjøtt med hakket hvitløk*

for 4 personer

*450 g / 1 lb svinekjøtt, uten skinn*

*3 skiver ingefærrot*

*2 løkløk (løkløk), hakket*

*30 ml / 2 ss hakket hvitløk*

*30 ml / 2 ss soyasaus*

*5 ml / 1 ts salt*

*15 ml / 1 ss kyllingbuljong*

*2,5 ml / ½ ts chiliolje*

*4 kvister koriander*

Legg svinekjøttet i en panne med ingefær og gressløk, dekk med vann, kok opp og la det småkoke i 30 minutter til det er gjennomstekt. Fjern og renn godt av, skjær deretter i tynne skiver ca 5 cm/2 kvadrat. Legg skivene i en metallsil. Kok opp en kjele med vann, tilsett svineskivene og stek i 3 minutter til de er gjennomvarme. Anrett på en varm serveringsplate. Bland hvitløk, soyasaus, salt, buljong og chiliolje og hell over svinekjøttet. Server pyntet med koriander.

*Stekt svinekjøtt med ingefær*

for 4 personer

*225 g / 8 oz magert svinekjøtt*

*5 ml / 1 ts maismel (maisstivelse)*

*30 ml / 2 ss soyasaus*

*30 ml / 2 ss peanøttolje*
*1 skive ingefærrot, hakket*
*1 vårløk (skålløk), i skiver*
*45 ml / 3 ss vann*
*5 ml / 1 ts brunt sukker*

Skjær svinekjøttet i tynne skiver mot kornet. Tilsett maismel, dryss over soyasaus og bland igjen. Varm oljen og stek svinekjøttet i 2 minutter til det er gjennomstekt. Tilsett ingefær og vårløk og stek i 1 minutt. Tilsett vann og sukker, dekk til og la det småkoke i ca 5 minutter til det er gjennomstekt.

*Svinekjøtt med grønne bønner*

for 4 personer
*1 pund / 450 g grønne bønner, kuttet i biter*
*30 ml / 2 ss peanøttolje*
*2,5 ml / ½ ts salt*

*1 skive ingefærrot, hakket*

*225 g / 8 oz magert svinekjøtt, hakket (kvernet)*

*120 ml / 4 fl oz / ½ kopp kyllingbuljong*

*75 ml / 5 ss vann*

*2 egg*

*15 ml / 1 ss maismel (maisstivelse)*

Kok bønnene i ca. 2 minutter, og la dem renne av. Varm oljen og stek salt og ingefær i noen sekunder. Tilsett svinekjøttet og stek til det er lett gyldent. Tilsett bønnene og fres i 30 sekunder, dekk med oljen. Tilsett buljong, kok opp, dekk til og la det småkoke i 2 minutter. Pisk 30 ml / 2 ss vann med eggene og rør dem i pannen. Bland resten av vannet med maismelet. Når eggene begynner å stivne, tilsett maismel og kok til blandingen tykner. Server umiddelbart.

*Svinekjøtt med skinke og tofu*

for 4 personer

*4 tørkede kinesiske sopp*

*5 ml / 1 ts peanøttolje*

*100g / 4oz røkt skinke, i skiver*

*8 oz / 225 g tofu, i skiver*

8 oz / 225 g magert svinekjøtt, i skiver

15 ml / 1 ss risvin eller tørr sherry

salt og nykvernet pepper

1 skive ingefærrot, hakket

1 vårløk (skålløk), hakket

10 ml / 2 ts maismel (maisstivelse)

30 ml / 2 ss vann

Bløtlegg soppen i lunkent vann i 30 minutter, og tøm deretter. Kast stilkene og del toppene i to. Gni en varmefast bolle med peanøttolje. Legg sopp, skinke, tofu og svinekjøtt på tallerkenen, med svinekjøttet på toppen. Dryss over vin eller sherry, salt og pepper, ingefær og gressløk. Dekk til og damp på rist over kokende vann i ca 45 minutter til den er kokt. Hell sausen fra bollen uten å forstyrre ingrediensene. Tilsett nok vann til å lage 250 ml / 8 fl oz / 1 kopp. Bland maismel og vann og bland inn i sausen. Ha over i bollen og la det småkoke under omrøring til sausen tynner og tykner. Legg svinekjøttblandingen på et varmt serveringsfat, hell over sausen og server.

*Stekte svinespyd*

for 4 personer

*1 pund / 450 g svinefilet, skåret i tynne skiver*
*100g / 4oz kokt skinke, skåret i tynne skiver*
*6 vannkastanjer, skåret i tynne skiver*

*30 ml / 2 ss soyasaus*

*30 ml / 2 ss vineddik*

*15 ml / 1 ss brunt sukker*

*15 ml / 1 ss østerssaus*

*noen dråper chiliolje*

*45 ml / 3 ss maismel (maisstivelse)*

*30 ml / 2 ss risvin eller tørr sherry*

*2 piskede egg*

*frityrolje*

Tre vekselvis svinekjøtt, skinke og vannkastanjer på små spyd. Bland soyasaus, vineddik, sukker, østerssaus og chiliolje. Hell over spydene, dekk til og la marinere i kjøleskapet i 3 timer. Bland maismel, vin eller sherry og egg til du har en jevn, tykk røre. Vend spydene i deigen for å dekke dem. Varm oljen og stek spydene til de er lett gylne.

*Braisert svineknoke i rød saus*

for 4 personer

*1 stor svineknoke*

*1 l / 1½ pkt / 4¼ kopper kokende vann*

*5 ml / 1 ts salt*

*120 ml / 4 fl oz / ½ kopp vineddik*

*120 ml / 4 fl oz / ½ kopp soyasaus*

*45 ml / 3 ss honning*

*5 ml / 1 ts einebær*

*5 ml / 1 ts anis*

*5 ml / 1 ts koriander*

*60 ml / 4 ss peanøttolje*

*6 vårløk (skålløk), i skiver*

*2 gulrøtter, i tynne skiver*

*1 stangselleri, i skiver*

*45 ml / 3 ss hoisinsaus*

*30 ml / 2 ss mango chutney*

*75 ml / 5 ss tomatpuré (pasta)*

*1 knust hvitløksfedd*

*60 ml / 4 ss hakket gressløk*

Kok opp svineknoken med vann, salt, vineddik, 45 ml / 3 ss soyasaus, honning og krydder. Tilsett grønnsakene, kok opp, dekk til og la det småkoke i ca 1 ½ time til kjøttet er mørt. Fjern kjøttet og grønnsakene fra pannen, skjær kjøttet fra benet og del det i terninger. Varm oljen og stek kjøttet til det er gyldenbrunt. Tilsett grønnsakene og stek i 5 minutter. Tilsett resten av soyasausen, hoisinsaus, chutney, tomatpuré og hvitløk. Kok opp under omrøring og la det småkoke i 3 minutter. Server drysset med gressløk.

*marinert svinekjøtt*

for 4 personer

*450 g / 1 pund magert svinekjøtt*
*1 skive ingefærrot, hakket*
*1 knust hvitløksfedd*

*90 ml / 6 ss soyasaus*

*15 ml / 1 ss risvin eller tørr sherry*

*45 ml / 3 ss peanøttolje (peanøtter)*

*1 vårløk (skålløk), i skiver*

*15 ml / 1 ss brunt sukker*

*nykvernet pepper*

Bland svinekjøttet med ingefær, hvitløk, 30 ml / 2 ss soyasaus og vin eller sherry. La hvile i 30 minutter, rør av og til, og løft deretter kjøttet fra marinaden. Varm oljen og stek svinekjøttet til det er lett gyldent. Tilsett vårløk, sukker, resterende soyasaus og en klype paprika, dekk til og la det småkoke i ca 45 minutter til svinekjøttet er kokt. Skjær svinekjøttet i terninger og server.

*Marinerte svinekoteletter*

for 6

*6 pinnekjøtt*

*1 skive ingefærrot, hakket*

*1 knust hvitløksfedd*

*90 ml / 6 ss soyasaus*

*30 ml / 2 ss risvin eller tørr sherry*

*45 ml / 3 ss peanøttolje (peanøtter)*

*2 løkløk (løkløk), hakket*

*15 ml / 1 ss brunt sukker*

*nykvernet pepper*

Skjær beinet fra pinnekjøttet og skjær kjøttet i terninger. Bland ingefær, hvitløk, 30 ml / 2 ss soyasaus og vin eller sherry, hell over svinekjøttet og mariner i 30 minutter, rør av og til. Fjern kjøttet fra marinaden. Varm oljen og stek svinekjøttet til det er lett gyldent. Tilsett gressløken og stek i 1 minutt. Bland resten av soyasausen med sukkeret og en klype pepper. Tilsett saus, kok opp, dekk til og la det småkoke i ca 30 minutter til svinekjøttet er mørt.

*Svinekjøtt med sopp*

*for 4 personer*

*25g / 1oz tørket kinesisk sopp*

*30 ml / 2 ss peanøttolje*

*1 finhakket hvitløksfedd*

*225 g / 8 oz magert svinekjøtt, i skiver*

*4 vårløk (skålløk), hakket*

*15 ml / 1 ss soyasaus*

*15 ml / 1 ss risvin eller tørr sherry*

*5 ml / 1 ts sesamolje*

Bløtlegg soppen i lunkent vann i 30 minutter, og tøm deretter. Kast stilkene og skjær av toppene. Varm oljen og stek hvitløken til den er lett gylden. Tilsett svinekjøttet og stek til det er brunt. Tilsett løkløk, sopp, soyasaus og vin eller sherry og fres i 3 minutter. Tilsett sesamolje og server umiddelbart.

## dampet kjøttkake

for 4 personer

*450 g / 1 pund hakket svinekjøtt (kvernet)*

*4 vannkastanjer, finhakket*

*225 g / 8 oz sopp, finhakket*

*5 ml / 1 ts soyasaus*

salt og nykvernet pepper

*1 egg, lett pisket*

Bland alle ingrediensene godt og form blandingen til en flat kake i en ildfast form. Sett fatet på en rist i en dampkoker, dekk til og damp i 1 ½ time.

*Rødkokt svinekjøtt med sopp*

for 4 personer

*450 g / 1 lb magert svinekjøtt, i terninger*

*250 ml / 8 fl oz / 1 kopp vann*

*15 ml / 1 ss soyasaus*

*15 ml / 1 ss risvin eller tørr sherry*

*5 ml / 1 ts sukker*

*5 ml / 1 ts salt*

*225 g / 8 oz sopp*

Ha svinekjøttet og vannet i en kjele og kok opp vannet. Dekk til og la det småkoke i 30 minutter, tøm deretter av, ta vare på buljongen. Ha svinekjøttet tilbake i pannen og tilsett soyasausen. Kok på lav varme under omrøring til soyasausen er absorbert. Tilsett vin eller sherry, sukker og salt. Hell i den reserverte buljongen, kok opp, dekk til og la det småkoke i ca 30 minutter, snu kjøttet av og til. Tilsett soppen og la det småkoke i ytterligere 20 minutter.

*Svinekjøtt nudler pannekake*

for 4 personer

*30 ml / 2 ss peanøttolje*

*5 ml / 2 ts salt*

*225 g / 8 oz magert svinekjøtt, kuttet i strimler*

*225 g / 8 oz bok choy, strimlet*

*100g / 4oz bambusskudd, knust*

*100g / 4oz sopp, skåret i tynne skiver*

*150 ml / ¼ pt / sjenerøs ½ kopp kyllingbuljong*

*10 ml / 2 ts maismel (maisstivelse)*

*15 ml / 1 ss risvin eller tørr sherry*

*15 ml / 1 spiseskje vann*

*nudelpannekake*

Varm oljen og stek salt og svinekjøtt til de er lyse i fargen. Tilsett kål, bambusskudd og sopp og stek i 1 minutt. Tilsett buljong, kok opp, dekk til og la det småkoke i 4 minutter til svinekjøttet er kokt. Bland maismel til en pasta med vin eller sherry og vann, rør inn i pannen og kok på lav varme under omrøring til sausen tynner og tykner. Hell over nudelpannekaken til servering.

*Svinekjøtt og reker med nudelpannekake*

for 4 personer

*30 ml / 2 ss peanøttolje*

*5 ml / 1 ts salt*

*4 vårløk (skålløk), hakket*

*1 knust hvitløksfedd*

*225 g / 8 oz magert svinekjøtt, kuttet i strimler*

*100 g / 4 oz sopp, i skiver*

*4 stangselleri, i skiver*

*225 g / 8 oz skrellede reker*

*30 ml / 2 ss soyasaus*

*10 ml / 1 ts maismel (maisstivelse)*

*45 ml / 3 ss vann*

*nudelpannekake*

Varm opp olje og salt og stek gressløk og hvitløk til den er myk. Tilsett svinekjøttet og stek til det er lett gyldent. Tilsett sopp og selleri og stek i 2 minutter. Tilsett reker, dryss over soyasaus og rør til de er gjennomvarme. Bland maismel og vann til en pasta, rør inn i pannen og la det småkoke under omrøring til det er varmt. Hell over nudelpannekaken til servering.

## Svinekjøtt med østerssaus

For 4 til 6 porsjoner

*450 g / 1 pund magert svinekjøtt*

*15 ml / 1 ss maismel (maisstivelse)*

*10 ml / 2 ts risvin eller tørr sherry*

*en klype sukker*

*45 ml / 3 ss peanøttolje (peanøtter)*

*10 ml / 2 ts vann*

*30 ml / 2 ss østerssaus*

*nykvernet pepper*

*1 skive ingefærrot, hakket*

*60 ml / 4 ss kyllingbuljong*

Skjær svinekjøttet i tynne skiver mot kornet. Bland 5 ml / 1 ts maismel med vinen eller sherryen, sukker og 5 ml / 1 ts olje, tilsett svinekjøttet og rør godt til belegget. Bland resten av maizenaen med vannet, østerssausen og en klype pepper. Varm opp den resterende oljen og stek ingefæren i 1 minutt. Tilsett svinekjøttet og stek til det er lett gyldent. Tilsett buljong og østerssaus-vannblanding, kok opp, dekk til og la det småkoke i 3 minutter.

*gris med peanøtter*

for 4 personer
*450 g / 1 lb magert svinekjøtt, i terninger*
*15 ml / 1 ss maismel (maisstivelse)*
*5 ml / 1 ts salt*
*1 eggehvite*
*3 løkløk (løkløk), hakket*
*1 finhakket hvitløksfedd*
*1 skive ingefærrot, hakket*
*45 ml / 3 ss kyllingbuljong*
*15 ml / 1 ss risvin eller tørr sherry*
*15 ml / 1 ss soyasaus*
*10 ml / 2 ts svart melasse*

*45 ml / 3 ss peanøttolje (peanøtter)*

*½ agurk, i terninger*

*25 g / 1 oz / ¼ kopp avskallede peanøtter*

*5 ml / 1 ts chiliolje*

Bland svinekjøttet med halvparten av maisstivelsen, saltet og eggehviten og rør godt for å belegge svinekjøttet. Bland resten av maismelet med vårløk, hvitløk, ingefær, buljong, vin eller sherry, soyasaus og melasse. Varm oljen og stek svinekjøttet til det er lett brunt, og ta det deretter ut av pannen. Tilsett agurken i pannen og stek i noen minutter. Ha svinekjøttet tilbake i pannen og rør lett. Tilsett krydderblandingen, kok opp og la det småkoke under omrøring til sausen tynner og tykner. Tilsett peanøtter og chiliolje og varm opp rett før servering.

*Svinekjøtt med paprika*

for 4 personer

*45 ml / 3 ss peanøttolje (peanøtter)*

*225 g / 8 oz magert svinekjøtt, i terninger*

*1 løk kuttet i terninger*

*2 grønne paprika, i terninger*

*½ hode med porselenblader, i terninger*

*1 skive ingefærrot, hakket*

*15 ml / 1 ss soyasaus*

*15 ml / 1 ss sukker*

*2,5 ml / ½ ts salt*

Varm oljen og stek svinekjøttet i ca 4 minutter til det er gyldent. Tilsett løken og stek i ca 1 minutt. Tilsett paprika og stek i 1 minutt. Tilsett de kinesiske bladene og stek i 1 minutt. Bland de resterende ingrediensene, sleng dem tilbake i pannen og stek i ytterligere 2 minutter.

*Krydret svinekjøtt med sylteagurk*

for 4 personer

*900 g / 2 lbs svinekoteletter*

*30 ml / 2 ss maismel (maisstivelse)*

*45 ml / 3 ss soyasaus*

*30 ml / 2 ss søt sherry*

*5 ml / 1 ts revet ingefærrot*

*2,5 ml / ½ ts fem krydderpulver*

*klype nykvernet pepper*

*frityrolje*

*60 ml / 4 ss kyllingbuljong*

*Kinesiske syltede grønnsaker*

Trim koteletter og kast alt fett og bein. Bland maismel, 30 ml / 2 ss soyasaus, sherry, ingefær, femkrydders pulver og pepper.

Hell over svinekjøtt og rør for å dekke helt. Dekk til og la marinere i 2 timer, snu av og til. Varm oljen og stek svinekjøttet til det er gyllent og godt gjennomstekt. Tørk av på tørkepapir. Skjær svinekjøtt i tykke skiver, ha over på en varm serveringsfat og hold varm. Kombiner buljong og gjenværende soyasaus i en liten kjele. Kok opp og hell over svineskivene. Server garnert med blandet sylteagurk.

*Svinekjøtt med plommesaus*

*for 4 personer*

*450 g / 1 lb lapskaus svinekjøtt, i terninger*

*2 knuste hvitløksfedd*

*salt*

*60 ml / 4 ss tomatsaus (ketchup)*

*30 ml / 2 ss soyasaus*

*45 ml / 3 ss plommesaus*

*5 ml / 1 ts karripulver*

*5 ml / 1 ts paprika*

*2,5 ml / ½ ts nykvernet pepper*

*45 ml / 3 ss peanøttolje (peanøtter)*

*6 vårløk (skålløk), kuttet i strimler*

*4 gulrøtter, kuttet i strimler*

Mariner kjøttet med hvitløk, salt, tomatsaus, soyasaus, plommesaus, karripulver, paprika og pepper i 30 minutter. Varm oljen og stek kjøttet til det er lett brunt. Fjern fra woken. Tilsett grønnsakene i oljen og stek til de er møre. Legg kjøttet tilbake i pannen og varm forsiktig opp før servering.

### Svinekjøtt med reker

Serverer 6 til 8

*900 g / 2 lb magert svinekjøtt*

*30 ml / 2 ss peanøttolje*

*1 skivet løk*

*1 vårløk (skålløk), hakket*

*2 knuste hvitløksfedd*

*30 ml / 2 ss soyasaus*

*50g / 2oz skrellede reker, hakket*

*(gulv)*

*600 ml / 1 pkt / 2½ kopper kokende vann*

*15 ml / 1 ss sukker*

Kok opp en kjele med vann, tilsett svinekjøttet, dekk til og la det småkoke i 10 minutter. Ta ut av pannen og renne godt av og kutt i terninger. Varm oljen og stek løk, vårløk og hvitløk til de er lett gylne. Tilsett svinekjøttet og stek til det er lett gyldent. Tilsett soyasaus og reker og stek i 1 minutt. Tilsett kokende vann og sukker, dekk til og la det småkoke i ca 40 minutter til svinekjøttet er mørt.

*rødt kokt svinekjøtt*

for 4 personer

*1½ lbs / 675 g magert svinekjøtt, i terninger*

*250 ml / 8 fl oz / 1 kopp vann*

*1 skive ingefærrot, knust*

*60 ml / 4 ss soyasaus*

*15 ml / 1 ss risvin eller tørr sherry*

*5 ml / 1 ts salt*

*10 ml / 2 ts brunt sukker*

Ha svinekjøttet og vannet i en kjele og kok opp vannet. Tilsett ingefær, soyasaus, sherry og salt, dekk til og la det småkoke i 45 minutter. Tilsett sukkeret, snu kjøttet, dekk til og la det småkoke i ytterligere 45 minutter til svinekjøttet er mørt.

### Svinekjøtt i rød saus

for 4 personer

30 ml / 2 ss peanøttolje

225 g / 8 oz svinenyrer, kuttet i strimler

450 g / 1 lb svinekjøtt, kuttet i strimler

1 skivet løk

4 vårløk (skålløk), kuttet i strimler

2 gulrøtter, kuttet i strimler

1 stangselleri, kuttet i strimler

1 rød paprika kuttet i strimler

45 ml / 3 ss soyasaus

45 ml / 3 ss tørr hvitvin

300 ml / ½ pt / 1¼ kopper kyllingbuljong

30 ml / 2 ss plommesaus

30 ml / 2 ss vineddik

5 ml / 1 ts fem krydderpulver

5 ml / 1 ts brunt sukker

15 ml / 1 ss maismel (maisstivelse)

*15 ml / 1 spiseskje vann*

Varm oljen og stek nyrene i 2 minutter, og fjern dem deretter fra pannen. Varm oljen på nytt og stek svinekjøttet til det er lett brunt. Tilsett grønnsakene og stek i 3 minutter. Tilsett soyasaus, vin, buljong, plommesaus, vineddik, pulver med fem krydder og sukker, kok opp, dekk til og la det småkoke i 30 minutter til det er kokt. Tilsett nyrene. Bland maismel og vann og rør inn i kjelen. Kok opp og la det småkoke under omrøring til sausen tykner.

*Svinekjøtt med risnudler*

for 4 personer

*4 tørkede kinesiske sopp*

*100 g / 4 oz risnudler*

*225 g / 8 oz magert svinekjøtt, kuttet i strimler*

*15 ml / 1 ss maismel (maisstivelse)*

*15 ml / 1 ss soyasaus*

*15 ml / 1 ss risvin eller tørr sherry*

*45 ml / 3 ss peanøttolje (peanøtter)*

*2,5 ml / ½ ts salt*

*1 skive ingefærrot, hakket*

*2 stilker selleri hakket*

*120 ml / 4 fl oz / ½ kopp kyllingbuljong*

*2 løkløk (skålløk), i skiver*

Bløtlegg soppen i lunkent vann i 30 minutter, og tøm deretter. Kast stilkene og skjær av toppene. Bløtlegg nudlene i lunkent vann i 30 minutter, la dem renne av og skjær dem i 5 cm / 2 stykker Legg svinekjøttet i en bolle. Kombiner maismel, soyasaus og vin eller sherry, hell over svinekjøtt og bland til belegg. Varm oljen og stek salt og ingefær i noen sekunder. Tilsett svinekjøttet og stek til det er lett gyldent. Tilsett sopp og selleri og stek i 1 minutt. Tilsett buljong, kok opp, dekk til og la det småkoke i 2 minutter. Tilsett nudlene og varm opp i 2 minutter. Tilsett gressløken og server umiddelbart.

*rike svinekjøttballer*

for 4 personer

450 g / 1 pund hakket svinekjøtt (kvernet)

100 g / 4 oz tofu, knust

4 vannkastanjer, finhakket

salt og nykvernet pepper

120 ml / 4 fl oz / ½ kopp peanøttolje (peanøtter)

1 skive ingefærrot, hakket

600 ml / 1 pkt / 2½ kopper kyllingbuljong

15 ml / 1 ss soyasaus

5 ml / 1 ts brunt sukker

5 ml / 1 ts risvin eller tørr sherry

Bland svinekjøtt, tofu og kastanjer og smak til med salt og pepper. Form store kuler. Varm oljen og stek svinebollene til de er gyldenbrune på alle sider, ta deretter ut av pannen. Tøm alt unntatt 15 ml / 1 ss olje og tilsett ingefær, buljong, soyasaus, sukker og vin eller sherry. Ha svinebollene tilbake i pannen, kok opp og la småkoke i 20 minutter til de er gjennomstekt.

*stekte pinnekjøtt*

for 4 personer

*4 pinnekjøtt*

*75 ml / 5 ss soyasaus*

*frityrolje*

*100g / 4oz selleristinner*

*3 løkløk (løkløk), hakket*

*1 skive ingefærrot, hakket*

*15 ml / 1 ss risvin eller tørr sherry*

*120 ml / 4 fl oz / ½ kopp kyllingbuljong*

*salt og nykvernet pepper*

*5 ml / 1 ts sesamolje*

Dypp pinnekjøttet i soyasausen til det er godt dekket. Varm opp oljen og stek kotelettene til de er gylne. Fjern og tøm godt. Legg sellerien i bunnen av en grunne ildfast form. Dryss over vårløk og ingefær og legg pinnekjøttet på toppen. Hell over vin eller sherry og buljong og smak til med salt og pepper. Dryss over sesamolje. Stek i en forvarmet ovn ved 200°C/400°C/gassmerke 6 i 15 minutter.

*krydret svinekjøtt*

for 4 personer

*1 agurk i terninger*

*salt*

*450 g / 1 lb magert svinekjøtt, i terninger*

*5 ml / 1 ts salt*

*45 ml / 3 ss soyasaus*

*30 ml / 2 ss risvin eller tørr sherry*

*30 ml / 2 ss maismel (maisstivelse)*

*15 ml / 1 ss brunt sukker*

*60 ml / 4 ss peanøttolje*

*1 skive ingefærrot, hakket*

*1 finhakket hvitløksfedd*

*1 rød chili, frøset og hakket*

*60 ml / 4 ss kyllingbuljong*

Dryss salt på agurken og sett til side. Bland svinekjøtt, salt, 15 ml/1 ss soyasaus, 15 ml/1 ss vin eller sherry, 15 ml/1 ss maismel, brunt sukker og 15 ml/1 ss olje. La hvile i 30 minutter og fjern deretter kjøttet fra marinaden. Varm opp den resterende oljen og stek svinekjøttet til det er lett gyllent. Tilsett ingefær, hvitløk og chili og stek i 2 minutter. Tilsett agurken og stek i 2 minutter. Bland buljongen og gjenværende soyasaus, vin eller sherry og maismel inn i marinaden. Tilsett dette i pannen og kok opp under omrøring. La det småkoke under omrøring til sausen tynner og tykner og fortsett å putre til kjøttet er gjennomstekt.

*Glatte svinekjøttskiver*

for 4 personer

*8 oz / 225 g magert svinekjøtt, i skiver*

*2 eggehviter*

*15 ml / 1 ss maismel (maisstivelse)*

*45 ml / 3 ss peanøttolje (peanøtter)*

*50g / 2oz bambusskudd, i skiver*

*6 vårløk (skålløk), hakket*

*2,5 ml / ½ ts salt*

*15 ml / 1 ss risvin eller tørr sherry*

*150 ml / ¼ pt / sjenerøs ½ kopp kyllingbuljong*

Kast svinekjøttet med eggehvitene og maisenna til det er godt dekket. Varm oljen og stek svinekjøttet til det er lett brunt, og ta det deretter ut av pannen. Tilsett bambusskudd og vårløk og stek i 2 minutter. Ha svinekjøttet tilbake i pannen med salt, vin eller sherry og kyllingbuljong. Kok opp og kok på lav varme, rør i 4 minutter til svinekjøttet er stekt.

*Svinekjøtt med spinat og gulrøtter*

for 4 personer

*225 g / 8 oz magert svinekjøtt*

*2 gulrøtter, kuttet i strimler*

*225 g / 8 oz spinat*

*45 ml / 3 ss peanøttolje (peanøtter)*

*1 vårløk (skålløk), finhakket*

*15 ml / 1 ss soyasaus*

*2,5 ml / ½ ts salt*

*10 ml / 2 ts maismel (maisstivelse)*

*30 ml / 2 ss vann*

Skjær svinekjøtt i tynne skiver mot kornet, og skjær deretter i strimler. Kok gulrøttene i ca 3 minutter, og la dem renne av. Skjær spinatbladene i to. Varm oljen og stek vårløken til den er gjennomsiktig. Tilsett svinekjøttet og stek til det er lett gyldent. Tilsett gulrøtter og soyasaus og stek i 1 minutt. Tilsett salt og spinat og stek i ca 30 sekunder til den begynner å bli myk. Bland maismel og vann til en pasta, rør inn i sausen og surr til det er klart og server umiddelbart.

*dampet svinekjøtt*

for 4 personer

*450 g / 1 lb magert svinekjøtt, i terninger*

*120 ml / 4 fl oz / ½ kopp soyasaus*

*120 ml / 4 fl oz / ½ kopp risvin eller tørr sherry*

*15 ml / 1 ss brunt sukker*

Bland alle ingrediensene og legg dem i en varmebestandig beholder. Damp på rist over kokende vann i ca 1½ time til den er gjennomstekt.

*stekt svinekjøtt*

for 4 personer

*25g / 1oz tørket kinesisk sopp*
*15 ml / 1 ss peanøttolje*
*450 g / 1 lb magert svinekjøtt, i skiver*
*1 grønn paprika kuttet i terninger*
*15 ml / 1 ss soyasaus*
*15 ml / 1 ss risvin eller tørr sherry*
*5 ml / 1 ts salt*
*5 ml / 1 ts sesamolje*

Bløtlegg soppen i lunkent vann i 30 minutter, og tøm deretter. Kast stilkene og skjær av toppene. Varm oljen og stek svinekjøttet til det er lett gyldent. Tilsett paprikaen og stek i 1 minutt. Tilsett sopp, soyasaus, vin eller sherry, og salt og stek i noen minutter til kjøttet er gjennomstekt. Tilsett sesamolje før servering.

## Svinekjøtt med søtpoteter

for 4 personer

*frityrolje*

*2 store søtpoteter, i skiver*

*30 ml / 2 ss peanøttolje*

*1 skive ingefærrot, i skiver*

*1 skivet løk*

*450 g / 1 lb magert svinekjøtt, i terninger*

*15 ml / 1 ss soyasaus*

*2,5 ml / ½ ts salt*

*nykvernet pepper*

*250 ml / 8 fl oz / 1 kopp kyllingbuljong*

*30 ml / 2 ss karripulver*

Varm oljen og stek søtpotetene til de er gyldne. Ta ut av pannen og renne godt av. Varm peanøttolje og fres ingefær og løk til de er lett gylne. Tilsett svinekjøttet og stek til det er lett gyldent. Tilsett soyasaus, salt og en klype pepper, tilsett deretter kraften og karripulveret, kok opp og la det småkoke under omrøring i 1 minutt. Tilsett pommes frites, legg på lokk og la det småkoke i 30 minutter til svinekjøttet er gjennomstekt.

*Svin i sursøt-saus*

for 4 personer

*450 g / 1 lb magert svinekjøtt, i terninger*

*15 ml / 1 ss risvin eller tørr sherry*

*15 ml / 1 ss peanøttolje*

*5 ml / 1 ts karripulver*

*1 sammenvispet egg*

*salt*

*100 g maismel (maisstivelse)*

*frityrolje*

*1 knust hvitløksfedd*

*75 g / 3 oz / ½ kopp sukker*

*50 g / 2 oz tomatsaus (ketchup)*

*5 ml / 1 ts vineddik*

*5 ml / 1 ts sesamolje*

Bland svinekjøttet med vin eller sherry, olje, karri, egg og litt salt. Tilsett maismelet til svinekjøttet er dekket med deigen. Varm oljen til den damper og tilsett deretter svineterningene et par ganger. Stek i ca 3 minutter, renn av og sett av. Varm opp oljen på nytt og stek terningene igjen i ca 2 minutter. Fjern og tøm. Varm opp hvitløk, sukker, tomatsaus og vineddik, rør til sukkeret er oppløst. Kok opp, tilsett så svineterningene og rør godt. Tilsett sesamolje og server.

*salt gris*

for 4 personer

*30 ml / 2 ss peanøttolje*

*450 g / 1 lb magert svinekjøtt, i terninger*

*3 vårløk (skålløk), i skiver*

*2 knuste hvitløksfedd*

*1 skive ingefærrot, hakket*

*250 ml / 8 fl oz / 1 kopp soyasaus*

*30 ml / 2 ss risvin eller tørr sherry*

*30 ml / 2 ss brunt sukker*

*5 ml / 1 ts salt*

*600 ml / 1 pt / 2½ kopper vann*

Varm oljen og stek svinekjøttet til det er gyldent. Tøm av overflødig olje, tilsett vårløk, hvitløk og ingefær og stek i 2 minutter. Tilsett soyasaus, vin eller sherry, sukker og salt og rør godt. Tilsett vannet, kok opp, dekk til og la det småkoke i 1 time.

*svinekjøtt med tofu*

*for 4 personer*

*450 g / 1 pund magert svinekjøtt*

*45 ml / 3 ss peanøttolje (peanøtter)*

*1 skivet løk*

*1 knust hvitløksfedd*

*8 oz / 225 g tofu, i terninger*

*375 ml / 13 fl oz / 1 ½ kopper kyllingbuljong*

*15 ml / 1 ss brunt sukker*

*60 ml / 4 ss soyasaus*

*2,5 ml / ½ ts salt*

Legg svinekjøttet i en kjele og dekk med vann. Kok opp og la det småkoke i 5 minutter. Hell av og la avkjøles, skjær deretter i terninger.

Varm oljen og stek løk og hvitløk til de er lett gylne. Tilsett svinekjøttet og stek til det er lett gyldent. Tilsett tofu og rør forsiktig til den er belagt med olje. Tilsett buljong, sukker, soyasaus og salt, kok opp, dekk til og la det småkoke i ca 40 minutter til svinekjøttet er mørt.

stekt gris

for 4 personer

*225 g / 8 oz svinefilet, i terninger*

*1 eggehvite*

*30 ml / 2 ss risvin eller tørr sherry*

*salt*

*225 g maismel (maisstivelse)*

*frityrolje*

Bland svinekjøttet med eggehviten, vin eller sherry og litt salt. Arbeid gradvis inn nok maismel til å lage en tykk røre. Varm oljen og stek svinekjøttet til det er gyllent og sprøtt på utsiden og mørt på innsiden.

## to ganger kokt svinekjøtt

for 4 personer

*225 g / 8 oz magert svinekjøtt*

*45 ml / 3 ss peanøttolje (peanøtter)*

*2 grønne paprika, kuttet i biter*

*2 hakkede hvitløksfedd*

*2 løkløk (skålløk), i skiver*

*15 ml / 1 ss chutneybønnesaus*

*15 ml / 1 ss kyllingbuljong*

*5 ml / 1 ts sukker*

Legg svinekjøttet i en panne, dekk med vann, kok opp og la det småkoke i 20 minutter til det er gjennomstekt. Fjern og tøm og la avkjøles. Skjær i tynne skiver.

Varm oljen og stek svinekjøttet til det er lett gyldent. Tilsett paprika, hvitløk og vårløk og stek i 2 minutter. Fjern fra pannen. Tilsett bønnedippen, buljongen og sukkeret i gryten og la det småkoke under omrøring i 2 minutter. Ha tilbake svinekjøttet og paprikaen og fres til det er gjennomvarmt. Server med en gang.

*Svinekjøtt med grønnsaker*

for 4 personer

*2 knuste hvitløksfedd*

*5 ml / 1 ts salt*

*2,5 ml / ½ ts nykvernet pepper*

*30 ml / 2 ss peanøttolje*

*30 ml / 2 ss soyasaus*

*225 g / 8 oz brokkolibuketter*

*200 g / 7 oz blomkålbuketter*

*1 rød paprika kuttet i terninger*

*1 hakket løk*

*2 appelsiner, skrelt og i terninger*

*1 stykke ingefær, hakket*

*30 ml / 2 ss maismel (maisstivelse)*

*300 ml / ½ pt / 1¼ kopper vann*

*20 ml / 2 ss vineddik*

*15 ml / 1 ss honning*

*klype malt ingefær*

*2,5 ml / ½ teskje spisskummen*

Knus hvitløk, salt og pepper inn i kjøttet. Varm oljen og stek kjøttet til det er lett brunt. Fjern fra pannen. Tilsett soyasaus og grønnsaker i pannen og fres til de er møre, men fortsatt sprø. Tilsett appelsinene og ingefæren. Bland maismel og vann og rør inn i pannen med vineddik, honning, ingefær og spisskummen. Kok opp og la det småkoke under omrøring i 2 minutter. Ha svinekjøttet tilbake i pannen og varm opp før servering.

*Svinekjøtt med nøtter*

for 4 personer

*50 g / 2 oz / ½ kopp valnøtter*
*225 g / 8 oz magert svinekjøtt, kuttet i strimler*
*30 ml / 2 ss vanlig mel (alle formål)*
*30 ml / 2 ss brunt sukker*
*30 ml / 2 ss soyasaus*
*frityrolje*
*15 ml / 1 ss peanøttolje*

Blancher nøttene i kokende vann i 2 minutter, og la dem renne av. Bland svinekjøttet med mel, sukker og 15 ml / 1 ss soyasaus til det er godt dekket. Varm oljen og stek svinekjøttet til det er sprøtt og gyllent. Tørk av på tørkepapir. Varm peanøttolje og stek nøttene til de er gylne. Tilsett svinekjøttet i pannen, dryss over den resterende soyasausen og sautér til den er gjennomvarme.

## svinekjøtt wontons

for 4 personer

*450 g / 1 pund hakket svinekjøtt (kvernet)*
*1 vårløk (skålløk), hakket*
*8 oz / 225g blandet grønt, hakket*
*30 ml / 2 ss soyasaus*
*5 ml / 1 ts salt*
*40 wonton skinn*
*frityrolje*

Varm opp en stekepanne og stek svinekjøttet og vårløken til de er lett gylne. Fjern fra varmen og tilsett grønnsaker, soyasaus og salt.

For å brette wontonene, hold huden i håndflaten på venstre hånd og legg litt fyll i midten. Fukt kantene med egg og brett skinnet til en trekant, forsegl kantene. Fukt hjørnene med egg og vri.

Varm opp oljen og stek wontonene noen om gangen til de er gyldenbrune. Tøm godt før servering.

*Svinekjøtt med vannkastanjer*

for 4 personer

*45 ml / 3 ss peanøttolje (peanøtter)*
*1 knust hvitløksfedd*
*1 vårløk (skålløk), hakket*
*1 skive ingefærrot, hakket*
*225 g / 8 oz magert svinekjøtt, kuttet i strimler*
*100g / 4oz vannkastanjer, skåret i tynne skiver*
*45 ml / 3 ss soyasaus*
*15 ml / 1 ss risvin eller tørr sherry*
*5 ml / 1 ts maismel (maisstivelse)*

Varm oljen og stek hvitløk, vårløk og ingefær lett gylden. Tilsett svinekjøttet og stek i 10 minutter til det er brunt. Tilsett vannkastanjene og stek i 3 minutter. Tilsett resten av ingrediensene og stek i 3 minutter.

*Svinekjøtt og reker wontons*

for 4 personer

*225 g / 8 oz hakket svinekjøtt (kvernet)*

*2 løkløk (løkløk), hakket*

*100g / 4oz blandet grønt, hakket*

*100 g hakket sopp*

*225 g / 8 oz skrellede reker, hakket*

*15 ml / 1 ss soyasaus*

*2,5 ml / ½ ts salt*

*40 wonton skinn*

*frityrolje*

Varm opp en panne og stek svinekjøttet og gressløken til det er lett brunt. Rør inn med de resterende ingrediensene.

For å brette wontonene, hold huden i håndflaten på venstre hånd og legg litt fyll i midten. Fukt kantene med egg og brett skinnet til en trekant, forsegl kantene. Fukt hjørnene med egg og vri.

Varm opp oljen og stek wontonene noen om gangen til de er gyldenbrune. Tøm godt før servering.

*Dampet kjøttboller*

for 4 personer

*2 knuste hvitløksfedd*

*2,5 ml / ½ ts salt*

*450 g / 1 pund hakket svinekjøtt (kvernet)*

*1 hakket løk*

*1 rød paprika hakket*

*1 hakket grønn paprika*

*2 stykker ingefær, hakket*

*5 ml / 1 ts karripulver*

*5 ml / 1 ts paprika*

*1 sammenvispet egg*

*45 ml / 3 ss maismel (maisstivelse)*

*50 g / 2 oz kortkornet ris*

*salt og nykvernet pepper*

*60 ml / 4 ss hakket gressløk*

Bland hvitløk, salt, svinekjøtt, løk, paprika, ingefær, karripulver og paprika. Tilsett egget i blandingen med maisenna og risen. Smak til med salt og pepper og bland deretter inn gressløken. Med våte hender, form små kuler med blandingen. Legg disse i en dampkurv, dekk til og kok over forsiktig kokende vann i 20 minutter til de er kokte.

*Babyribbe med svart bønnesaus*

for 4 personer

*900 g / 2 lbs svineribbe*
*2 knuste hvitløksfedd*
*2 løkløk (løkløk), hakket*
*30 ml / 2 ss svart bønnesaus*
*30 ml / 2 ss risvin eller tørr sherry*
*15 ml / 1 spiseskje vann*
*30 ml / 2 ss soyasaus*
*15 ml / 1 ss maismel (maisstivelse)*
*5 ml / 1 ts sukker*
*120 ml / 4 fl oz ½ kopp vann*
*30 ml / 2 ss olje*
*2,5 ml / ½ ts salt*
*120 ml / 4 fl oz / ½ kopp kyllingbuljong*

Skjær svineribbe i 2,5 cm store biter. Bland hvitløk, løk, svart bønnesaus, vin eller sherry, vann og 15 ml / 1 ss soyasaus. Bland resten av soyasausen med maismel, sukker og vann. Varm olje og salt og stek svineribba til den er gylden. Tøm oljen. Tilsett hvitløksblandingen og stek i 2 minutter. Tilsett buljong, kok opp, dekk til og la det småkoke i 4 minutter.

Tilsett maismelblandingen og la det småkoke under omrøring til sausen tynner og tykner.

*Grillet ribbe*

for 4 personer

*3 fedd hvitløk, knust*

*75 ml / 5 ss soyasaus*

*60 ml / 4 ss hoisinsaus*

*60 ml / 4 ss risvin eller tørr sherry*

*45 ml / 3 ss brunt sukker*

*30 ml / 2 ss tomatpuré (pasta)*

*900 g / 2 lbs svineribbe*

*15 ml / 1 ss honning*

Bland hvitløk, soyasaus, hoisinsaus, vin eller sherry, brunt sukker og tomatpuré, hell over ribba, dekk til og mariner over natten.

Tøm ribba og legg den på rist i en langpanne med litt vann under. Stek i forvarmet ovn ved 180 °C / 350 °F / gassmerke 4 i 45 minutter, tøs av og til med marinaden, og reserver 30 ml / 2 ss marinade. Bland den reserverte marinaden med honningen og pensle ribba. Grill eller stek (stek) under en varm grill i ca. 10 minutter.

*Stekt Maple Ribs*

for 4 personer

*900 g / 2 lbs svineribbe*

*60 ml / 4 ss lønnesirup*

*5 ml / 1 ts salt*

*5 ml / 1 ts sukker*

*45 ml / 3 ss soyasaus*

*15 ml / 1 ss risvin eller tørr sherry*

*1 knust hvitløksfedd*

Hakk svineribbe i 5 cm / 2 biter og legg i en bolle. Bland alle ingrediensene, tilsett ribba og rør godt. Dekk til og la maserere over natten. Stek (stek) eller grill på middels varme i ca 30 minutter.

*stekt svineribbe*

for 4 personer

*900 g / 2 lbs svineribbe*
*120 ml / 4 fl oz / ½ kopp tomatsaus (ketchup)*
*120 ml / 4 fl oz / ½ kopp vineddik*
*60 ml / 4 ss mangochutney*
*45 ml / 3 ss risvin eller tørr sherry*
*2 hakkede hvitløksfedd*
*5 ml / 1 ts salt*
*45 ml / 3 ss soyasaus*
*30 ml / 2 ss honning*
*15 ml / 1 ss mildt karripulver*
*15 ml / 1 ss paprika*
*frityrolje*
*60 ml / 4 ss hakket gressløk*

Legg svineribbe i en bolle. Bland alle ingrediensene unntatt olje og gressløk, hell over ribba, dekk til og la marinere i minst 1 time. Varm oljen og stek ribba til den er sprø. Server drysset med gressløk.

*Ribbe med purre*

for 4 personer

450 g / 1 pund svineribbe

frityrolje

250 ml / 8 fl oz / 1 kopp buljong

30 ml / 2 ss tomatsaus (ketchup)

2,5 ml / ½ ts salt

2,5 ml / ½ ts sukker

2 purre, kuttet i biter

6 vårløk (skålløk), kuttet i biter

50 g / 2 oz brokkolibuketter

5 ml / 1 ts sesamolje

Hakk svineribbe i 5 cm / 2 biter Varm oljen og stek ribba til den begynner å bli brun. Ta dem ut av pannen og hell i alt unntatt 30 ml / 2 ss olje. Tilsett buljong, tomatsaus, salt og sukker, kok opp og la det småkoke i 1 minutt. Ha ribba tilbake i pannen og stek på lav varme i ca 20 minutter til den er akkurat mør.

Varm i mellomtiden ytterligere 30 ml / 2 ss olje og stek purre, vårløk og brokkoli i ca 5 minutter. Dryss over sesamolje og legg rundt en varm serveringsplate. Hell ribbe og saus i midten og server.

*Ribbe med sopp*

For 4 til 6 porsjoner

*6 tørkede kinesiske sopp*

*900 g / 2 lbs svineribbe*

*2 stjerneanis nellik*

*45 ml / 3 ss soyasaus*

*5 ml / 1 ts salt*

*15 ml / 1 ss maismel (maisstivelse)*

Bløtlegg soppen i lunkent vann i 30 minutter, og tøm deretter. Kast stilkene og skjær av toppene. Hakk svineribbe i 5 cm/2 biter Kok opp en kjele med vann, tilsett ribba og la det småkoke i 15 minutter. Tøm godt. Legg ribba tilbake i pannen og dekk med kaldt vann. Tilsett sopp, stjerneanis, soyasaus og salt. Kok opp, dekk til og la det småkoke i ca 45 minutter til kjøttet er mørt. Bland maismelet med litt kaldt vann, rør det inn i pannen og kok på svak varme under omrøring til sausen tynner og tykner.

*Ribbe med appelsin*

for 4 personer

*900 g / 2 lbs svineribbe*

*5 ml / 1 ts revet ost*

*5 ml / 1 ts maismel (maisstivelse)*

*45 ml / 3 ss risvin eller tørr sherry*

*salt*

*frityrolje*

*15 ml / 1 spiseskje vann*

*2,5 ml / ½ ts sukker*

*15 ml / 1 ss tomatpuré (pasta)*

*2,5 ml / ½ ts chilisaus*

*revet skall av 1 appelsin*

*1 skivet appelsin*

Kutt svineribbe i biter og bland med ost, maisstivelse, 5 ml/1 ts vin eller sherry og en klype salt. La maserere i 30 minutter. Varm oljen og stek ribba i ca 3 minutter til den er gyldenbrun. Varm 15 ml / 1 ss olje i en wok, tilsett vann, sukker, tomatpuré, chilisaus, appelsinskall og resten av vinen eller sherryen og rør over svak varme i 2 minutter. Tilsett svinekjøtt og rør til det er godt dekket. Ha over på et varmt serveringsfat og server pyntet med appelsinskiver.

*Ananas ribbe*

*for 4 personer*

*900 g / 2 lbs svineribbe*

*600 ml / 1 pt / 2½ kopper vann*

*30 ml / 2 ss peanøttolje*

*2 hvitløksfedd finhakket*

*200 g / 7 oz ananasbiter hermetisert i fruktjuice*

*120 ml / 4 fl oz / ½ kopp kyllingbuljong*

*60 ml / 4 ss vineddik*

*50 g / 2 oz / ¼ kopp brunt sukker*

*15 ml / 1 ss soyasaus*

*15 ml / 1 ss maismel (maisstivelse)*

*3 løkløk (løkløk), hakket*

Ha svinekjøtt og vann i en kjele, kok opp, dekk til og la det småkoke i 20 minutter. Tøm godt.

Varm oljen og stek hvitløken til den er lett gylden. Tilsett ribba og stek til de er godt dekket med oljen. Tøm ananasbitene og tilsett 120 ml / 4 fl oz / ½ kopp juice i pannen med buljong, vineddik, sukker og soyasaus. Kok opp, dekk til og kok på lav varme i 10 minutter. Tilsett den drenerte ananasen. Bland maismelet med litt vann, rør det inn i sausen og la det småkoke under omrøring til sausen tynner og tykner. Server drysset med gressløk.

*Sprø rekeribbe*

for 4 personer

*900 g / 2 lbs svineribbe*

*450 g / 1 pund skrellede reker*

*5 ml / 1 ts sukker*

*salt og nykvernet pepper*

*30 ml / 2 ss vanlig mel (alle formål)*

*1 egg, lett pisket*

*100 g / 4 oz brødsmuler*

*frityrolje*

Skjær svineribbe i 5 cm / 2 stykker Skjær litt kjøtt og hakk det med reker, sukker, salt og pepper. Tilsett mel og nok egg til at blandingen blir klissete. Press rundt svineribbebitene, og dryss så over brødsmuler. Varm oljen og stek ribba til den kommer til overflaten. Hell godt av og server varmt.

*Ribbe med risvin*

for 4 personer

*900 g / 2 lbs svineribbe*

*450 ml / ¾ pt / 2 kopper vann*

*60 ml / 4 ss soyasaus*

*5 ml / 1 ts salt*

*30 ml / 2 ss risvin*

*5 ml / 1 ts sukker*

Skjær ribba i 1/2,5 cm store biter. Ha i en kjele med vann, soyasaus og salt, kok opp, legg på lokk og kok på lav varme i 1 time. Tøm godt. Varm opp en stekepanne og tilsett ribba, risvin og sukker. Stek på høy varme til væsken fordamper.

*Ribbe med sesamfrø*

*for 4 personer*
*900 g / 2 lbs svineribbe*
*1 egg*
*30 ml / 2 ss vanlig mel (alle formål)*
*5 ml / 1 ts potetmel*
*45 ml / 3 ss vann*
*frityrolje*
*30 ml / 2 ss peanøttolje*
*30 ml / 2 ss tomatsaus (ketchup)*
*30 ml / 2 ss brunt sukker*
*10 ml / 2 ts vineddik*
*45 ml / 3 ss sesamfrø*
*4 salatblader*

Skjær svineribbe i 10 cm / 4 biter og legg i en bolle. Bland egget med mel, potetmel og vann, tilsett ribba og la hvile i 4 timer.

Varm oljen og stek svineribba til den er gylden, ta ut og renn av. Varm oljen og stek tomatsaus, brunt sukker, vineddik i noen minutter. Tilsett svineribbe og fres til den er helt dekket.

Dryss over sesamfrø og stek i 1 minutt. Anrett salatbladene på en varm serveringsplate, topp med ribba og server.

*Søt og mild spareribs*

*for 4 personer*

*900 g / 2 lbs svineribbe*

*600 ml / 1 pt / 2½ kopper vann*

*30 ml / 2 ss peanøttolje*

*2 knuste hvitløksfedd*

*5 ml / 1 ts salt*

*100 g / 4 oz / ½ kopp brunt sukker*

*75 ml / 5 ss kyllingbuljong*

*60 ml / 4 ss vineddik*

*100 g/4 oz ananasbiter hermetisert i sirup*

*15 ml / 1 ss tomatpuré (pasta)*

*15 ml / 1 ss soyasaus*

*15 ml / 1 ss maismel (maisstivelse)*

*30 ml / 2 ss tørket kokosnøtt*

Ha svinekjøtt og vann i en kjele, kok opp, dekk til og la det småkoke i 20 minutter. Tøm godt.

Varm oljen og stek ribba med hvitløk og salt til den er gyldenbrun. Tilsett sukker, buljong og vineddik og kok opp. Tøm ananasen og tilsett 30 ml / 2 ss sirup i pannen med tomatpuré, soyasaus og maisenna. Rør godt og la det småkoke under omrøring til sausen tynner og tykner. Tilsett ananas, la det småkoke i 3 minutter, og server drysset med kokos.

*Sautert ribbe*

for 4 personer

*900 g / 2 lbs svineribbe*

*1 sammenvispet egg*

*5 ml / 1 ts soyasaus*

*5 ml / 1 ts salt*

*10 ml / 2 ts maismel (maisstivelse)*

*10 ml / 2 ts sukker*

*60 ml / 4 ss peanøttolje*

*250 ml / 8 fl oz / 1 kopp vineddik*

*250 ml / 8 fl oz / 1 kopp vann*

*250 ml / 1 kopp risvin eller tørr sherry*

Legg svineribbe i en bolle. Bland egget med soyasausen, saltet, halvparten av maisstivelsen og halvparten av sukkeret, tilsett ribba og rør godt. Varm oljen og stek svineribba til den er gylden. Tilsett resten av ingrediensene, kok opp og la det småkoke til væsken nesten har fordampet.

*Ribbe med tomat*

for 4 personer

*900 g / 2 lbs svineribbe*

*75 ml / 5 ss soyasaus*

*30 ml / 2 ss risvin eller tørr sherry*

*2 piskede egg*

*45 ml / 3 ss maismel (maisstivelse)*

*frityrolje*

*45 ml / 3 ss peanøttolje (peanøtter)*

*1 løk, i tynne skiver*

*250 ml / 8 fl oz / 1 kopp kyllingbuljong*

*60 ml / 4 ss tomatsaus (ketchup)*

*10 ml / 2 ts brunt sukker*

Skjær svineribbe i 2,5 cm store biter. Bland med 60 ml / 4 ss soyasaus og vinen eller sherryen og la maserere i 1 time, rør av og til. Tøm, kast marinaden. Dekk ribba med egg og deretter med maismel. Varm opp oljen og stek ribba, noen om gangen, til den er gyldenbrun. Tøm godt. Varm peanøttolje (peanøtt) og stek løken til den er gjennomsiktig. Tilsett buljong, gjenværende soyasaus, tomatsaus og brunt sukker og la det småkoke i 1 minutt under omrøring. Tilsett ribba og la det småkoke i 10 minutter.

*Grillet svinekjøtt*

For 4 til 6 porsjoner

*1,25 kg / 3 lb beinfri svinekjøttskulder*

*2 knuste hvitløksfedd*

*2 løkløk (løkløk), hakket*

*250 ml / 8 fl oz / 1 kopp soyasaus*

*120 ml / 4 fl oz / ½ kopp risvin eller tørr sherry*

*100 g / 4 oz / ½ kopp brunt sukker*

*5 ml / 1 ts salt*

Legg svinekjøttet i en bolle. Bland resten av ingrediensene, hell over svinekjøttet, dekk til og la det marinere i 3 timer. Overfør svinekjøttet og marinaden til en stekepanne og stek i en forvarmet ovn ved 200°C/400°F/gassmerke 6 i 10 minutter. Reduser temperaturen til 160°C/325°F/gassmerke 3 i 1¾ timer til svinekjøttet er kokt.

*Kaldt svinekjøtt med sennep*

for 4 personer

*1 kg / 2 lb beinfri stekt svinekjøtt*
*250 ml / 8 fl oz / 1 kopp soyasaus*
*120 ml / 4 fl oz / ½ kopp risvin eller tørr sherry*
*100 g / 4 oz / ½ kopp brunt sukker*
*3 løkløk (løkløk), hakket*
*5 ml / 1 ts salt*
*30 ml / 2 ss sennepspulver*

Legg svinekjøttet i en bolle. Bland alle de resterende ingrediensene unntatt sennep og hell over svinekjøttet. La marinere i minst 2 timer, tråkle ofte. Kle en langpanne med aluminiumsfolie og legg svinekjøttet på en rist i pannen. Stek i en forvarmet ovn ved 200 °C / 400 °F / gassmerke 6 i 10 minutter og reduser deretter temperaturen til 160 °C / 325 °F / gassmerke 3 i ytterligere 1¾ timer til svinekjøttet er mørt. La avkjøles og avkjøl deretter i kjøleskapet. Skjær i veldig tynne skiver. Bland sennepspulveret med nok vann til å lage en kremet pasta å servere til svinekjøttet.

## kinesisk stekt svinekjøtt

for 6

*1,25 kg / 3 lb svinekjøtt, tykk skive*

*2 hvitløksfedd finhakket*

*30 ml / 2 ss risvin eller tørr sherry*

*15 ml / 1 ss brunt sukker*

*15 ml / 1 ss honning*

*90 ml / 6 ss soyasaus*

*2,5 ml / ½ ts fem krydderpulver*

Legg svinekjøttet i en grunn tallerken. Bland de resterende ingrediensene, hell over svinekjøtt, dekk til og mariner i kjøleskapet over natten, snu og tråkle av og til.

Legg svineskivene på rist i en langpanne fylt med litt vann og ringle godt med marinaden. Stek i en forvarmet ovn ved 180°C/350°F/gassmerke 5 i ca. 1 time, tråkle av og til til svinekjøttet er gjennomstekt.

*svinekjøtt med spinat*

Serverer 6 til 8

*30 ml / 2 ss peanøttolje*

*1,25 kg / 3 lbs svinekam*

*250 ml / 8 fl oz / 1 kopp kyllingbuljong*

*15 ml / 1 ss brunt sukker*

*60 ml / 4 ss soyasaus*

*900g / 2lb spinat*

Varm opp oljen og brun svinekjøttet på alle sider. Fjerner det meste av fettet. Tilsett buljong, sukker og soyasaus, kok opp, dekk til og la det småkoke i ca. 2 timer til svinekjøttet er kokt. Ta kjøttet ut av pannen og la det avkjøles litt, og skjær det deretter i skiver. Tilsett spinaten i pannen og kok på lav varme, rør forsiktig, til den er visnet. Tøm spinaten og legg på en varm serveringsplate. Topp med svinekjøttskivene og server.

*stekte svineboller*

for 4 personer

*450 g / 1 pund hakket svinekjøtt (kvernet)*
*1 skive ingefærrot, hakket*
*15 ml / 1 ss maismel (maisstivelse)*
*15 ml / 1 spiseskje vann*
*2,5 ml / ½ ts salt*
*10 ml / 2 ts soyasaus*
*frityrolje*

Bland svinekjøttet og ingefæren. Bland maismel, vann, salt og soyasaus, tilsett deretter blandingen til svinekjøttet og bland godt. Form kuler på størrelse med en valnøtt. Varm opp oljen og stek kjøttbollene til de hever til overflaten av oljen. Fjern fra oljen og varm opp igjen. Ha svinekjøttet tilbake i pannen og stek i 1 minutt. Tøm godt.

*Eggruller med svin og reke*

for 4 personer

30 ml / 2 ss peanøttolje

225 g / 8 oz hakket svinekjøtt (kvernet)

225 g / 8 oz reker

100g / 4oz porselenblader, strimlet

100g / 4oz bambusskudd, kuttet i strimler

100g / 4oz vannkastanjer, kuttet i strimler

10 ml / 2 ts soyasaus

5 ml / 1 ts salt

5 ml / 1 ts sukker

3 vårløk (skålløk), finhakket

8 eggrullskall

frityrolje

Varm oljen og stek svinekjøttet til det er svidd. Tilsett rekene og stek i 1 minutt. Tilsett kinesiske blader, bambusskudd, vannkastanjer, soyasaus, salt og sukker og surr i 1 minutt, legg deretter på lokk og la det småkoke i 5 minutter. Tilsett løkløken, vend inn i et dørslag og la det renne av seg.

Øs noen spiseskjeer av fyllblandingen inn i midten av skinnet på hver eggerull, brett inn bunnen, brett inn sidene og rull deretter sammen, omslutt fyllet. Forsegle kanten med litt av mel- og vannblandingen og la det tørke i 30 minutter. Varm oljen og stek eggrullene i ca 10 minutter til de er sprø og gylne. Tøm godt før servering.

*Dampet hakket svinekjøtt*

for 4 personer
*450 g / 1 pund hakket svinekjøtt (kvernet)*
*5 ml / 1 ts maismel (maisstivelse)*
*2,5 ml / ½ ts salt*
*10 ml / 2 ts soyasaus*

Bland svinekjøttet med resten av ingrediensene og fordel blandingen i en grunn ildfast form. Legg i en dampkoker over kokende vann og damp i ca 30 minutter til kokt. Serveres varm.

*Stekt svinekjøtt med krabbekjøtt*

for 4 personer

*8 oz / 225 g krabbekjøtt, flak*

*100 g hakket sopp*

*100g / 4oz bambusskudd, hakket*

*5 ml / 1 ts maismel (maisstivelse)*

*2,5 ml / ½ ts salt*

*8 oz / 225 g kokt svinekjøtt, i skiver*

*1 eggehvite, lett pisket*

*frityrolje*

*15 ml / 1 ss hakket fersk flatbladpersille*

Bland krabbekjøttet, sopp, bambusskudd, det meste av maismelet og salt. Skjær kjøttet i 5 cm firkanter. Lag smørbrød med krabbekjøttblandingen. Dekk med eggehviten. Varm oljen og stek smørbrødene litt etter litt til de er gyldenbrune. Tøm godt. Server drysset med persille.

*Svinekjøtt med bønnespirer*

for 4 personer

*30 ml / 2 ss peanøttolje*

*2,5 ml / ½ ts salt*

*2 knuste hvitløksfedd*

*450g / 1lb bønnespirer*

*225 g / 8 oz kokt svinekjøtt, i terninger*

*120 ml / 4 fl oz / ½ kopp kyllingbuljong*

*15 ml / 1 ss soyasaus*

*15 ml / 1 ss risvin eller tørr sherry*

*5 ml / 1 ts sukker*

*15 ml / 1 ss maismel (maisstivelse)*

*2,5 ml / ½ ts sesamolje*

*3 løkløk (løkløk), hakket*

Varm oljen og stek salt og hvitløk til de er lett gylne. Tilsett bønnespirer og svinekjøtt og stek i 2 minutter. Tilsett halvparten av buljongen, kok opp, dekk til og la det småkoke i 3 minutter. Bland resten av buljongen med resten av ingrediensene, rør ut i pannen, kok opp og la det småkoke i 4 minutter under omrøring. Server drysset med gressløk.

*Enkel kyllingrøre*

for 4 personer

*1 kyllingbryst, i tynne skiver*

*2 skiver ingefærrot, hakket*

*2 løkløk (løkløk), hakket*

*15 ml / 1 ss maismel (maisstivelse)*

*15 ml / 1 ss risvin eller tørr sherry*

*30 ml / 2 ss vann*

*2,5 ml / ½ ts salt*

*45 ml / 3 ss peanøttolje (peanøtter)*

*100g / 4oz bambusskudd, i skiver*

*100 g / 4 oz sopp, i skiver*

*100g / 4oz bønnespirer*

*15 ml / 1 ss soyasaus*

*5 ml / 1 ts sukker*

*120 ml / 4 fl oz / ½ kopp kyllingbuljong*

Legg kyllingen i en bolle. Bland ingefær, vårløk, maisstivelse, vin eller sherry, vann og salt, tilsett kyllingen og la hvile i 1 time. Varm opp halvparten av oljen og stek kyllingen til den er lett brun, ta deretter ut av pannen. Varm opp den resterende oljen og stek bambusskudd, sopp og bønnespirer i 4 minutter.

Tilsett soyasaus, sukker og buljong, kok opp, dekk til og la det småkoke i 5 minutter til grønnsakene er møre. Legg kyllingen tilbake i pannen, rør godt og varm forsiktig opp før servering.

## Kylling i tomatsaus

for 4 personer

30 ml / 2 ss peanøttolje

5 ml / 1 ts salt

2 knuste hvitløksfedd

450 g / 1 pund kylling, i terninger

300 ml / ½ pt / 1¼ kopper kyllingbuljong

120 ml / 4 fl oz / ½ kopp tomatsaus (ketchup)

15 ml / 1 ss maismel (maisstivelse)

4 vårløk (skålløk), i skiver

Varm oljen med salt og hvitløk til hvitløken er lett gyllen. Tilsett kyllingen og stek til den er lett gylden. Tilsett mesteparten av buljongen, kok opp, dekk til og la det småkoke i ca 15 minutter til kyllingen er mør. Rør inn resten av buljongen med tomatsausen og maismel og legg i gryten. Kok på lav varme under omrøring til sausen tykner og klarner. Hvis sausen er veldig tynn, la den småkoke en stund til den reduseres. Tilsett gressløken og la det småkoke i 2 minutter før servering.

*Kylling med tomater*

for 4 personer

*225 g / 8 oz kylling, i terninger*
*15 ml / 1 ss maismel (maisstivelse)*
*15 ml / 1 ss soyasaus*
*15 ml / 1 ss risvin eller tørr sherry*
*45 ml / 3 ss peanøttolje (peanøtter)*
*1 løk kuttet i terninger*
*60 ml / 4 ss kyllingbuljong*
*5 ml / 1 ts salt*
*5 ml / 1 ts sukker*
*2 tomater, uten skinn og i terninger*

Bland kyllingen med maisenna, soyasaus og vin eller sherry og la den hvile i 30 minutter. Varm oljen og stek kyllingen til den er lys i fargen. Tilsett løken og stek til den er myk. Tilsett buljong, salt og sukker, kok opp, og rør forsiktig over svak varme til kyllingen er kokt. Tilsett tomatene og rør til de er gjennomvarme.

*Posjert kylling med tomater*

for 4 personer

*4 porsjoner kylling*
*4 tomater, uten skinn og delt i kvarte*
*15 ml / 1 ss risvin eller tørr sherry*
*15 ml / 1 ss peanøttolje*
*salt*

Legg kyllingen i en panne og dekk med kaldt vann. Kok opp, dekk til og kok på lav varme i 20 minutter. Tilsett tomater, vin eller sherry, olje og salt, dekk til og la det småkoke i ytterligere 10 minutter til kyllingen er kokt. Anrett kyllingen på et oppvarmet serveringsfat og skjær i biter til servering. Varm opp sausen og hell over kyllingen for servering.

*Kylling og tomater med svart bønnesaus*

for 4 personer

45 ml / 3 ss peanøttolje (peanøtter)

1 knust hvitløksfedd

45 ml / 3 ss svart bønnesaus

225 g / 8 oz kylling, i terninger

15 ml / 1 ss risvin eller tørr sherry

5 ml / 1 ts sukker

15 ml / 1 ss soyasaus

90 ml / 6 ss kyllingbuljong

3 tomater, flådd og delt i kvarte

10 ml / 2 ts maismel (maisstivelse)

45 ml / 3 ss vann

Varm oljen og stek hvitløken i 30 sekunder. Tilsett den svarte bønnesausen og stek i 30 sekunder, tilsett deretter kyllingen og rør til den er godt belagt med olje. Tilsett vin eller sherry, sukker, soyasaus og buljong, kok opp, dekk til og la det småkoke i ca 5 minutter til kyllingen er kokt. Bland maismel og vann til en pasta, rør inn i kjelen og la det småkoke under omrøring til sausen tynner og tykner.

*Rask tilberedt kylling med grønnsaker*

for 4 personer

*1 eggehvite*

*50 g / 2 oz maismel (maisstivelse)*

*8 oz / 225 g kyllingbryst, kuttet i strimler*

*75 ml / 5 ss peanøttolje (peanøtter)*

*200g / 7oz bambusskudd, kuttet i strimler*

*50g / 2oz bønnespirer*

*1 grønn paprika kuttet i strimler*

*3 vårløk (skålløk), i skiver*

*1 skive ingefærrot, hakket*

*1 finhakket hvitløksfedd*

*15 ml / 1 ss risvin eller tørr sherry*

Pisk sammen eggehvite og maizena og dypp kyllingstrimlene i blandingen. Varm oljen til middels varm og stek kyllingen i noen minutter til den er gjennomstekt. Ta ut av pannen og renne godt av. Tilsett bambusskudd, bønnespirer, paprika, løk, ingefær og hvitløk i pannen og fres i 3 minutter. Tilsett vin eller sherry og ha kyllingen tilbake i pannen. Rør godt og varm opp før servering.

*kylling med nøtter*

for 4 personer

*45 ml / 3 ss peanøttolje (peanøtter)*

*2 løkløk (løkløk), hakket*

*1 skive ingefærrot, hakket*

*1 pund / 450 g kyllingbryst, skåret i veldig tynne skiver*

*50 g / 2 oz skinke, smuldret*

*30 ml / 2 ss soyasaus*

*30 ml / 2 ss risvin eller tørr sherry*

*5 ml / 1 ts sukker*

*5 ml / 1 ts salt*

*100 g / 4 oz / 1 kopp valnøtter, hakket*

Varm oljen og stek løk og ingefær i 1 minutt. Tilsett kyllingen og skinken og stek i 5 minutter til den er nesten gjennomstekt. Tilsett soyasaus, vin eller sherry, sukker og salt og stek i 3 minutter. Tilsett nøttene og stek i 1 minutt til ingrediensene er godt blandet.

*Kylling med valnøtter*

for 4 personer

*100 g / 4 oz / 1 kopp avskallede valnøtter, delt i to*

*frityrolje*

*45 ml / 3 ss peanøttolje (peanøtter)*

*2 skiver ingefærrot, hakket*

*225 g / 8 oz kylling, i terninger*

*100g / 4oz bambusskudd, i skiver*

*75 ml / 5 ss kyllingbuljong*

Tilbered nøttene, varm oljen og stek nøttene til de er gyldenbrune og renne godt av. Varm peanøttolje og stek ingefæren i 30 sekunder. Tilsett kyllingen og stek til den er lett gylden. Tilsett de resterende ingrediensene, kok opp og la det småkoke under omrøring til kyllingen er kokt.

*Kylling med vannkastanjer*

for 4 personer

*45 ml / 3 ss peanøttolje (peanøtter)*

*2 knuste hvitløksfedd*

*2 løkløk (løkløk), hakket*

*1 skive ingefærrot, hakket*

*225 g / 8 oz kyllingbryst, i skiver*

*100g / 4oz vannkastanjer, i skiver*

*45 ml / 3 ss soyasaus*

*15 ml / 1 ss risvin eller tørr sherry*

*5 ml / 1 ts maismel (maisstivelse)*

Varm oljen og fres hvitløk, vårløk og ingefær lett gyldent. Tilsett kyllingen og stek i 5 minutter. Tilsett vannkastanjene og stek i 3 minutter. Tilsett soyasaus, vin eller sherry og maismel og fres i ca 5 minutter til kyllingen er gjennomstekt.

*Saltet kylling med vannkastanjer*

for 4 personer

*30 ml / 2 ss peanøttolje*

*4 stykker kylling*

*3 løkløk (løkløk), hakket*

*2 knuste hvitløksfedd*

*1 skive ingefærrot, hakket*

*250 ml / 8 fl oz / 1 kopp soyasaus*

*30 ml / 2 ss risvin eller tørr sherry*

*30 ml / 2 ss brunt sukker*

*5 ml / 1 ts salt*

*375 ml / 13 fl oz / 1¼ kopper vann*

*225 g / 8 oz vannkastanjer, i skiver*

*15 ml / 1 ss maismel (maisstivelse)*

Varm oljen og stek kyllingbitene til de er gylne. Tilsett gressløk, hvitløk og ingefær og stek i 2 minutter. Tilsett soyasaus, vin eller sherry, sukker og salt og rør godt. Tilsett vannet og kok opp, dekk til og la det småkoke i 20 minutter. Tilsett vannkastanjene, dekk til og kok i ytterligere 20 minutter. Bland maismelet med litt vann, rør det inn i sausen og la det småkoke under omrøring til sausen tynner og tykner.

*kylling wontons*

for 4 personer

*4 tørkede kinesiske sopp*

*450 g / 1 lb kyllingbryst, strimlet*

*8 oz / 225g blandet grønt, hakket*

*1 vårløk (skålløk), hakket*

*15 ml / 1 ss soyasaus*

*2,5 ml / ½ ts salt*

*40 wonton skinn*

*1 sammenvispet egg*

Bløtlegg soppen i lunkent vann i 30 minutter, og tøm deretter. Kast stilkene og hakk toppene. Bland med kylling, grønnsaker, soyasaus og salt.

For å brette wontonene, hold huden i håndflaten på venstre hånd og legg litt fyll i midten. Fukt kantene med egg og brett skinnet til en trekant, forsegl kantene. Fukt hjørnene med egg og vri.

Kok opp en kjele med vann. Tilsett wontons og la det småkoke i ca 10 minutter til de flyter til toppen.

*sprø kyllingvinger*

for 4 personer

*900 g / 2 lb kyllingvinger*

*60 ml / 4 ss risvin eller tørr sherry*

*60 ml / 4 ss soyasaus*

*50 g / 2 oz / ½ kopp maismel (maisstivelse)*

*peanøttolje til steking*

Legg kyllingvingene i en bolle. Bland de resterende ingrediensene og hell over kyllingvingene, bland godt for å dekke med saus. Dekk til og la stå i 30 minutter. Varm oljen og stek kyllingen noen få om gangen til den er gjennomstekt og mørk brun. Hell godt av på kjøkkenpapir og hold varmt mens resten av kyllingen stekes.

*Five Spice Chicken Wings*

for 4 personer

*30 ml / 2 ss peanøttolje*

*2 knuste hvitløksfedd*

*450 g / 1 pund kyllingvinger*

*250 ml / 8 fl oz / 1 kopp kyllingbuljong*

*30 ml / 2 ss soyasaus*

*5 ml / 1 ts sukker*

*5 ml / 1 ts fem krydderpulver*

Varm opp olje og hvitløk til hvitløken er lett gyllen. Tilsett kyllingen og stek til den er lett gylden. Tilsett de resterende ingrediensene, rør godt og kok opp. Dekk til og la det småkoke i ca 15 minutter til kyllingen er gjennomstekt. Ta av lokket og fortsett å koke på lav varme, rør av og til til det meste av væsken har fordampet. Serveres varm eller kald.

*Marinerte kyllingvinger*

for 4 personer

*45 ml / 3 ss soyasaus*

*45 ml / 3 ss risvin eller tørr sherry*

*30 ml / 2 ss brunt sukker*

*5 ml / 1 ts revet ingefærrot*

*2 knuste hvitløksfedd*

*6 vårløk (skålløk), i skiver*

*450 g / 1 pund kyllingvinger*

*30 ml / 2 ss peanøttolje*

*225g / 8oz bambusskudd, i skiver*

*20 ml / 4 ts maismel (maisstivelse)*

*175 ml / 6 fl oz / ¾ kopp kyllingbuljong*

Bland soyasaus, vin eller sherry, sukker, ingefær, hvitløk og gressløk. Tilsett kyllingvinger og bland for å dekke helt. Dekk til og la stå i 1 time, rør av og til. Varm oljen og stek bambusskuddene i 2 minutter. Ta dem ut av pannen. Tøm kyllingen og løken, behold marinaden. Varm oljen og stek kyllingen til den er brun på alle sider. Dekk til og stek i ytterligere 20 minutter til kyllingen er mør. Bland maisenna med buljongen og den reserverte marinaden. Hell over kyllingen og kok opp under omrøring til sausen tykner. Tilsett bambusskuddene og la det småkoke under omrøring i ytterligere 2 minutter.

*Kongelige kyllingvinger*

for 4 personer

*12 kyllingvinger*
*250 ml / 8 fl oz / 1 kopp peanøttolje (peanøtter)*
*15 ml / 1 ss granulert sukker*
*2 vårløk (skålløk), kuttet i biter*
*5 skiver ingefærrot*
*5 ml / 1 ts salt*
*45 ml / 3 ss soyasaus*
*250 ml / 1 kopp risvin eller tørr sherry*
*250 ml / 8 fl oz / 1 kopp kyllingbuljong*
*10 skiver bambusskudd*
*15 ml / 1 ss maismel (maisstivelse)*
*15 ml / 1 spiseskje vann*
*2,5 ml / ½ ts sesamolje*

Blancher kyllingvingene i kokende vann i 5 minutter, og la dem renne godt av. Varm oljen, tilsett sukkeret og rør til det er smeltet og brunet. Tilsett kylling, løk, ingefær, salt, soyasaus, vin og kraft, kok opp og la det småkoke i 20 minutter. Tilsett bambusskuddene og la det småkoke i 2 minutter eller til væsken er nesten helt fordampet. Bland maismelet med vannet, rør det inn i kjelen og rør til det tykner. Ha kyllingvingene over på en varm serveringsplate og server drysset med sesamolje.

*Krydret kyllingvinger*

for 4 personer

*30 ml / 2 ss peanøttolje*

*5 ml / 1 ts salt*

*2 knuste hvitløksfedd*

*900 g / 2 lb kyllingvinger*

*30 ml / 2 ss risvin eller tørr sherry*

*30 ml / 2 ss soyasaus*

*30 ml / 2 ss tomatpuré (pasta)*

*15 ml / 1 ss Worcestershiresaus*

Varm olje, salt og hvitløk og stek til hvitløken blir litt gylden. Tilsett kyllingvingene og stek, rør ofte, i ca 10 minutter til de er gyldenbrune og nesten gjennomstekt. Tilsett de resterende ingrediensene og fres i ca 5 minutter til kyllingen er sprø og gjennomstekt.

*Grillede kyllinglår*

for 4 personer

*16 kyllinglår*

*30 ml / 2 ss risvin eller tørr sherry*

*30 ml / 2 ss vineddik*

*30 ml / 2 ss olivenolje*

*salt og nykvernet pepper*

*120 ml / 4 fl oz / ½ kopp appelsinjuice*

*30 ml / 2 ss soyasaus*

*30 ml / 2 ss honning*

*15 ml / 1 ss sitronsaft*

*2 skiver ingefærrot, hakket*

*120 ml / 4 fl oz / ½ kopp chilisaus*

Bland alle ingrediensene unntatt chilisausen, dekk til og la marinere i kjøleskapet over natten. Fjern kyllingen fra marinaden og stek på grillen eller grillen (steik) i ca 25 minutter, snu og tø med chilisausen mens den koker.

*Hoisin kyllinglår*

for 4 personer

*8 kyllinglår*

*600 ml / 1 pkt / 2½ kopper kyllingbuljong*

*salt og nykvernet pepper*

*250 ml / 8 fl oz / 1 kopp hoisinsaus*

*30 ml / 2 ss vanlig mel (alle formål)*

*2 piskede egg*

*100 g / 4 oz / 1 kopp brødsmuler*

*frityrolje*

Legg trommestikkene og buljongen i en stekepanne, kok opp, legg på lokk og la det småkoke i 20 minutter til det er kokt. Ta kyllingen ut av pannen og tørk med kjøkkenpapir. Legg kyllingen i en bolle og smak til med salt og pepper. Hell over hoisinsausen og mariner i 1 time. Å drenere. Kast kyllingen i melet, dekk deretter med egg og brødsmuler, deretter egget og brødsmulene igjen. Varm oljen og stek kyllingen i ca 5 minutter til den er gyldenbrun. Hell av på kjøkkenpapir og server varm eller kald.

stekt kylling

For 4 til 6 porsjoner

*75 ml / 5 ss peanøttolje (peanøtter)*
*1 kylling*
*3 vårløk (skålløk), i skiver*
*3 skiver ingefærrot*
*120 ml / 4 fl oz / ½ kopp soyasaus*
*30 ml / 2 ss risvin eller tørr sherry*
*5 ml / 1 ts sukker*

Varm oljen og stek kyllingen til den er gylden. Tilsett løkløk, ingefær, soyasaus og vin eller sherry og kok opp. Dekk til og la det småkoke i 30 minutter, snu av og til. Tilsett sukker, dekk til og la det småkoke i ytterligere 30 minutter til kyllingen er kokt.

*sprøstekt kylling*

for 4 personer

*1 kylling*

*salt*

*30 ml / 2 ss risvin eller tørr sherry*

*3 vårløk (skålløk), i terninger*

*1 skive ingefærrot*

*30 ml / 2 ss soyasaus*

*30 ml / 2 ss sukker*

*5 ml / 1 ts hele nellik*

*5 ml / 1 ts salt*

*5 ml / 1 ts pepperkorn*

*150 ml / ¼ pt / sjenerøs ½ kopp kyllingbuljong*

*frityrolje*

*1 salat, strimlet*

*4 tomater, i skiver*

*½ agurk, i skiver*

Gni kyllingen inn med salt og la den hvile i 3 timer. Skyll og legg i en bolle. Tilsett vin eller sherry, ingefær, soyasaus, sukker, nellik, salt, pepperkorn og buljong og bland godt. Sett bollen i en dampkoker, dekk til og damp i ca 2 ¼ timer til kyllingen er gjennomstekt. Å drenere. Varm oljen til den ryker, tilsett deretter kyllingen og stek til den er gylden. Stek i ytterligere 5 minutter, fjern fra oljen og tøm. Skjær i terninger og legg på en varm serveringsplate. Pynt med salat, tomater og agurk og server med en salt- og pepperdressing.

*Hel stekt kylling*

Serverer 5

*1 kylling*
*10 ml / 2 ts salt*
*15 ml / 1 ss risvin eller tørr sherry*
*2 løkløk (skålløk), delt i to*
*3 skiver ingefærrot, kuttet i strimler*
*frityrolje*

Tørk kyllingen og gni skinnet med salt og vin eller sherry. Legg gressløk og ingefær inne i hulrommet. Heng kyllingen til tørk på et kjølig sted i ca 3 timer. Varm opp oljen og legg kyllingen i en stekekurv. Senk forsiktig ned i oljen og tråkle kontinuerlig innvendig og utvendig til kyllingen har fått lett farge. Fjern fra oljen og la avkjøles litt mens du varmer opp oljen. Stek igjen til den er gylden. Hell godt av og skjær deretter i biter.

*fem krydder kylling*

For 4 til 6 porsjoner

*1 kylling*

*120 ml / 4 fl oz / ½ kopp soyasaus*

*2,5 cm / 1 tomme ingefærrot, hakket*

*1 knust hvitløksfedd*

*15 ml / 1 spiseskje fem krydderpulver*

*30 ml / 2 ss risvin eller tørr sherry*

*30 ml / 2 ss honning*

*2,5 ml / ½ ts sesamolje*

*frityrolje*

*30 ml / 2 ss salt*

*5 ml / 1 ts nykvernet pepper*

Legg kyllingen i en stor kjele og fyll den opp til midten av låret med vann. Reserver 15 ml / 1 spiseskje av soyasausen og tilsett resten i pannen med ingefær, hvitløk og halvparten av femkrydderpulveret. Kok opp, dekk til og kok på lav varme i 5 minutter. Slå av varmen og la kyllingen stå i vannet til vannet er lunkent. Å drenere.

Skjær kyllingen i to på langs og legg med skjærsiden ned i en langpanne. Bland den gjenværende soyasausen og femkrydderspulveret med vin eller sherry, honning og sesamolje. Gni blandingen over kyllingen og la den stå i 2 timer, pensle av og til med blandingen. Varm oljen og stek kyllinghalvdelene i ca 15 minutter til de er gyldenbrune og gjennomstekt. Hell av på kjøkkenpapir og skjær i porsjoner.

Bland i mellomtiden sammen salt og pepper og varm i en tørr stekepanne i ca 2 minutter. Server som saus til kyllingen.

*Kylling med ingefær og gressløk*

for 4 personer

*1 kylling*

*2 skiver ingefærrot, kuttet i strimler*

*salt og nykvernet pepper*

*90 ml / 4 ss peanøttolje*

*8 vårløk (skålløk), finhakket*

*10 ml / 2 ts hvitvinseddik*

*5 ml / 1 ts soyasaus*

Legg kyllingen i en stor kjele, tilsett halvparten av ingefæren, og hell i nok vann til å nesten dekke kyllingen. Krydre med salt og pepper. Kok opp, dekk til og la det småkoke i ca 1¼ time til de er møre. La kyllingen stå i buljongen til den er avkjølt. Tøm kyllingen og avkjøl til den er kald. Skjær i porsjoner.

Riv den resterende ingefæren og bland med olje, vårløk, vineddik og soyasaus, samt salt og pepper. Avkjøl i 1 time. Anrett kyllingbitene i en serveringsbolle og hell over ingefærdressingen. Server med dampet ris.

*posjert kylling*

for 4 personer

*1 kylling*
*1,2 l / 2 poeng / 5 kopper kyllingbuljong eller vann*
*30 ml / 2 ss risvin eller tørr sherry*
*4 vårløk (skålløk), hakket*
*1 skive ingefærrot*
*5 ml / 1 ts salt*

Legg kyllingen i en stor kjele med alle de resterende ingrediensene. Buljongen eller vannet skal komme opp til midten av låret. Kok opp, dekk til og la det småkoke i ca 1 time til kyllingen er gjennomstekt. Tøm, behold buljongen til supper.

*Rød kokt kylling*

for 4 personer

*1 kylling*

*250 ml / 8 fl oz / 1 kopp soyasaus*

Legg kyllingen i en stekepanne, hell over soyasausen og fyll på med vann slik at den nesten dekker kyllingen. Kok opp, legg på lokk og la det småkoke i ca 1 time til kyllingen er kokt, snu av og til.

*Kylling med krydder tilberedt i rødt*

for 4 personer

*2 skiver ingefærrot*

*2 vårløk (skålløk)*

*1 kylling*

*3 stjerneanis nellik*

*½ kanelstang*

*15 ml / 1 ss Sichuan pepperkorn*

*75 ml / 5 ss soyasaus*

*75 ml / 5 ss risvin eller tørr sherry*

*75 ml / 5 ss sesamolje*

*15 ml / 1 ss sukker*

Legg ingefær og løk i kyllinghulen og legg kyllingen i en panne. Bind stjerneanis, kanel og pepperkorn sammen i et stykke muslin og legg i pannen. Hell over soyasaus, vin eller sherry og sesamolje. Kok opp, dekk til og kok på lav varme i ca 45 minutter. Tilsett sukker, dekk til og la det småkoke i 10 minutter til kyllingen er gjennomstekt.

*Grillet sesamkylling*

for 4 personer

*50 g / 2 oz sesamfrø*

*1 finhakket løk*

*2 hakkede hvitløksfedd*

*10 ml / 2 ts salt*

*1 tørket rød chili, knust*

*klype malt nellik*

*2,5 ml / ½ ts malt kardemomme*

*2,5 ml / ½ teskje malt ingefær*

*75 ml / 5 ss peanøttolje (peanøtter)*

*1 kylling*

Bland alt krydderet og oljen sammen og pensle over kyllingen. Legg den i en stekepanne og tilsett 30 ml / 2 ss vann i pannen. Stek i en forvarmet ovn ved 180°C/350°F/gassmerke 4 i ca. 2 timer, tråkle og snu kyllingen av og til, til den er gyldenbrun og gjennomstekt. Tilsett litt mer vann om nødvendig for å unngå brannskader.

*Kylling i soyasaus*

For 4 til 6 porsjoner

*300 ml / ½ pt / 1 ¼ kopper soyasaus*

*300 ml / ½ pt / 1 ¼ kopper risvin eller tørr sherry*

*1 hakket løk*

*3 skiver rot ingefær, hakket*

*50 g / 2 oz / ¼ kopp sukker*

*1 kylling*

*15 ml / 1 ss maismel (maisstivelse)*

*60 ml / 4 ss vann*

*1 agurk, skrelt og skåret i skiver*

*30 ml / 2 ss hakket fersk persille*

Bland soyasaus, vin eller sherry, løk, ingefær og sukker i en panne og kok opp. Tilsett kyllingen, kok opp igjen, dekk til og la det småkoke i 1 time, snu kyllingen av og til til den er gjennomstekt. Overfør kyllingen til en varm serveringsfat og skjær den i skiver. Hell i alt unntatt 250 ml / 8 fl oz / 1 kopp av matlagingsvæsken og kok opp igjen. Bland maismel og vann til en pasta, rør inn i kjelen og la det småkoke under omrøring til sausen tynner og tykner. Fordel litt saus over kyllingen og pynt kyllingen med agurk og persille. Server den resterende sausen separat.

*dampet kylling*

for 4 personer

*1 kylling*

*45 ml / 3 ss risvin eller tørr sherry*

*salt*

*2 skiver ingefærrot*

*2 vårløk (skålløk)*

*250 ml / 8 fl oz / 1 kopp kyllingbuljong*

Legg kyllingen i en ildfast bolle og gni inn med vin eller sherry og salt og legg ingefær og vårløk inne i hulrommet. Sett bollen på en rist i en dampkoker, dekk til og damp over kokende vann i ca 1 time til den er gjennomstekt. Serveres varm eller kald.

*Dampet kylling med anis*

for 4 personer

*250 ml / 8 fl oz / 1 kopp soyasaus*
*250 ml / 8 fl oz / 1 kopp vann*
*15 ml / 1 ss brunt sukker*
*4 stjerneanis nellik*
*1 kylling*

Bland soyasaus, vann, sukker og anis i en kjele og kok opp på svak varme. Legg kyllingen i en bolle og drypp blandingen godt innvendig og utvendig. Varm opp blandingen og gjenta. Legg kyllingen i en ildfast bolle. Sett bollen på en rist i en dampkoker, dekk til og damp over kokende vann i ca 1 time til den er gjennomstekt.

*rart smakende kylling*

for 4 personer

*1 kylling*

*5 ml / 1 ts finhakket ingefærrot*

*5 ml / 1 ts hakket hvitløk*

*45 ml / 3 ss tykk soyasaus*

*5 ml / 1 ts sukker*

*2,5 ml / ½ teskje vineddik*

*10 ml / 2 ts sesamsaus*

*5 ml / 1 ts nykvernet pepper*

*10 ml / 2 ts chiliolje*

*½ salat, strimlet*

*15 ml / 1 ss hakket fersk koriander*

Legg kyllingen i en panne og fyll den med vann til den når midten av kyllingbeina. Kok opp, dekk til og la det småkoke i ca 1 time til kyllingen er mør. Ta ut av pannen og renne godt av og bløtlegg i isvann til kjøttet er helt avkjølt. Hell godt av og skjær i 5 cm / 2 biter Bland alle de resterende ingrediensene og hell over kyllingen. Server garnert med salat og koriander.

sprø kyllingbiter

for 4 personer

*100 g / 4 oz vanlig mel (alle formål)*

*klype salt*

*15 ml / 1 spiseskje vann*

*1 egg*

*350 g / 12 oz kokt kylling, i terninger*

*frityrolje*

Bland mel, salt, vann og egg til du får en ganske stiv deig, tilsett litt mer vann om nødvendig. Dypp kyllingbitene i røren til de er godt dekket. Varm oljen til den er veldig varm og stek kyllingen i noen minutter til den er sprø og gylden.

*Kylling med grønne bønner*

for 4 personer

*45 ml / 3 ss peanøttolje (peanøtter)*

*450 g / 1 lb kokt kylling, strimlet*

*5 ml / 1 ts salt*

*2,5 ml / ½ ts nykvernet pepper*

*8 oz / 225 g grønne bønner, kuttet i biter*

*1 stangselleri, kuttet diagonalt*

*225 g / 8 oz sopp, i skiver*

*250 ml / 8 fl oz / 1 kopp kyllingbuljong*

*30 ml / 2 ss maismel (maisstivelse)*

*60 ml / 4 ss vann*

*10 ml / 2 ts soyasaus*

Varm oljen og stek kyllingen, smak til med salt og pepper til den er lett brun. Tilsett bønner, selleri og sopp og bland godt. Tilsett buljong, kok opp, dekk til og la det småkoke i 15 minutter. Bland maismel, vann og soyasaus til en pasta, rør inn i pannen og la det småkoke under omrøring til sausen tynner og tykner.

*Kylling tilberedt med ananas*

for 4 personer

*45 ml / 3 ss peanøttolje (peanøtter)*
*8 oz / 225 g kokt kylling, i terninger*
*salt og nykvernet pepper*
*2 stangselleri, kuttet diagonalt*
*3 ananasskiver, kuttet i biter*
*120 ml / 4 fl oz / ½ kopp kyllingbuljong*
*15 ml / 1 ss soyasaus*
*10 ml / 2 ss maismel (maisstivelse)*
*30 ml / 2 ss vann*

Varm opp oljen og stek kyllingen til den er lett gylden. Smak til med salt og pepper, tilsett sellerien og stek i 2 minutter. Tilsett ananas, buljong og soyasaus og rør i noen minutter til de er gjennomvarme. Bland maismel og vann til en pasta, rør inn i kjelen og la det småkoke under omrøring til sausen tynner og tykner.

*Kylling med paprika og tomater*

for 4 personer

*45 ml / 3 ss peanøttolje (peanøtter)*

*450 g / 1 lb kokt kylling, i skiver*

*10 ml / 2 ts salt*

*5 ml / 1 ts nykvernet pepper*

*1 grønn paprika kuttet i biter*

*4 store tomater, uten skinn og kuttet i terninger*

*250 ml / 8 fl oz / 1 kopp kyllingbuljong*

*30 ml / 2 ss maismel (maisstivelse)*

*15 ml / 1 ss soyasaus*

*120 ml / 4 fl oz / ½ kopp vann*

Varm oljen og stek kyllingen, smak til med salt og pepper til den er gylden. Tilsett paprika og tomater. Hell i buljongen, kok opp, dekk til og la det småkoke i 15 minutter. Bland maismel, soyasaus og vann til en pasta, rør inn i pannen og la det småkoke under omrøring til sausen tynner og tykner.

*sesamkylling*

for 4 personer

*450 g / 1 lb kokt kylling, kuttet i strimler*
*2 skiver ingefær finhakket*
*1 vårløk (skålløk), finhakket*
*salt og nykvernet pepper*
*60 ml / 4 ss risvin eller tørr sherry*
*60 ml / 4 ss sesamolje*
*10 ml / 2 ts sukker*
*5 ml / 1 ts vineddik*
*150 ml / ¼ pt / sjenerøs ½ kopp soyasaus*

Anrett kyllingen på et serveringsfat og strø over ingefær, gressløk, salt og pepper. Bland vin eller sherry, sesamolje, sukker, vineddik og soyasaus. Hell over kylling.

*stekte poussins*

for 4 personer

*2 poussins, delt i to*

*45 ml / 3 ss soyasaus*

*45 ml / 3 ss risvin eller tørr sherry*

*120 ml / 4 fl oz / ½ kopp peanøttolje (peanøtter)*

*1 vårløk (skålløk), finhakket*

*30 ml / 2 ss kyllingbuljong*

*10 ml / 2 ts sukker*

*5 ml / 1 ts chiliolje*

*5 ml / 1 ts hvitløkspasta*

*salt og pepper*

Legg poussinene i en bolle. Bland soyasaus og vin eller sherry, hell over poussins, dekk til og mariner i 2 timer, tråkle ofte. Varm oljen og stek poussinene i ca 20 minutter til de er gjennomstekt. Ta dem ut av pannen og varm oljen på nytt. Ha dem tilbake i pannen og stek til de er gyldenbrune. Tøm det meste av oljen. Bland de resterende ingrediensene, legg i pannen og varm opp raskt. Hell over poussinene før servering.

*Tyrkia med Mangetout*

for 4 personer

*60 ml / 4 ss peanøttolje*

*2 løkløk (løkløk), hakket*

*2 knuste hvitløksfedd*

*1 skive ingefærrot, hakket*

*225 g / 8 oz kalkunbryst, kuttet i strimler*

*8 oz / 225 g snøerter*

*100g / 4oz bambusskudd, kuttet i strimler*

*50g / 2oz vannkastanjer, kuttet i strimler*

*45 ml / 3 ss soyasaus*

*15 ml / 1 ss risvin eller tørr sherry*

*5 ml / 1 ts sukker*

*5 ml / 1 ts salt*

*15 ml / 1 ss maismel (maisstivelse)*

Varm 45 ml / 3 ss olje og stek vårløk, hvitløk og ingefær lett gylden. Tilsett kalkunen og stek i 5 minutter. Fjern fra pannen og sett til side. Varm opp den resterende oljen og stek snøerter, bambusskudd og vannkastanjer i 3 minutter. Tilsett soyasaus, vin eller sherry, sukker og salt og ha kalkunen tilbake i pannen. Stek i 1 minutt. Bland maismelet med litt vann, rør det inn i pannen og kok på svak varme under omrøring til sausen tynner og tykner.

*Kalkun med paprika*

for 4 personer

*4 tørkede kinesiske sopp*
*30 ml / 2 ss peanøttolje*
*1 bok choy, kuttet i strimler*
*350 g / 12 oz røkt kalkun, kuttet i strimler*
*1 skivet løk*
*1 rød paprika kuttet i strimler*
*1 grønn paprika kuttet i strimler*
*120 ml / 4 fl oz / ½ kopp kyllingbuljong*
*30 ml / 2 ss tomatpuré (pasta)*
*45 ml / 3 ss vineddik*
*30 ml / 2 ss soyasaus*
*15 ml / 1 ss hoisinsaus*
*10 ml / 2 ts maismel (maisstivelse)*
*noen dråper chiliolje*

Bløtlegg soppen i lunkent vann i 30 minutter, og tøm deretter. Kast stilkene og skjær toppen i strimler. Varm opp halvparten av oljen og stek kålen i ca 5 minutter eller til den er kokt. Fjern fra pannen. Tilsett kalkunen og stek i 1 minutt. Tilsett grønnsakene og stek i 3 minutter. Bland buljongen med tomatpuré, vineddik og sauser og legg i pannen med kålen. Bland maisenna med litt vann, rør i kjelen og kok opp under omrøring. Dryss over chiliolje og kok på lav varme i 2 minutter, mens du rører kontinuerlig.

kinesisk stekt kalkun

Serverer 8 til 10

*1 liten kalkun*
*600 ml / 1 pkt / 2½ kopper varmt vann*
*10 ml / 2 ts allehånde*
*500 ml / 16 fl oz / 2 kopper soyasaus*
*5 ml / 1 ts sesamolje*
*10 ml / 2 ts salt*
*45 ml / 3 ss smør*

Legg kalkunen i en panne og hell over det varme vannet. Tilsett resten av ingrediensene unntatt smøret og la stå i 1 time, snu flere ganger. Fjern kalkunen fra væsken og pensle med smør. Legg i en stekepanne, dekk løst med kjøkkenpapir og stek i en forvarmet ovn ved 160°C/325°F/gassmerke 3 i ca. 4 timer, og tø av og til med soyasausvæsken. Fjern folien og la skinnet bli sprøtt de siste 30 minuttene av tilberedningen.

*Kalkun med valnøtter og sopp*

for 4 personer

450 g / 1 pund kalkunbrystfilet

salt og pepper

saft av 1 appelsin

15 ml / 1 ss vanlig mel (alle formål)

12 syltede svarte valnøtter med juice

5 ml / 1 ts maismel (maisstivelse)

15 ml / 1 ss peanøttolje

2 vårløk (skålløk), i terninger

225 g / 8 oz sopp

45 ml / 3 ss risvin eller tørr sherry

10 ml / 2 ts soyasaus

50 g / 2 oz / ½ kopp smør

25 g / 1 oz pinjekjerner

Skjær kalkunen i 1/2 cm tykke skiver. Dryss over salt, pepper og appelsinjuice og dryss med mel. Tøm og halver valnøttene, behold væsken, og bland væsken med maisenna. Varm oljen og stek kalkunen til den er gylden. Tilsett vårløk og sopp og stek i 2 minutter. Tilsett vin eller sherry og soyasaus og la det småkoke i 30 sekunder. Tilsett nøttene i maismelblandingen, rør dem deretter inn i pannen og kok opp. Tilsett smøret i små flak, men ikke la blandingen koke. Rist pinjekjernene i en tørr panne til de er gylne. Ha kalkunblandingen over på en varm serveringsfat og server pyntet med pinjekjerner.

*and med bambusskudd*

*for 4 personer*

*6 tørkede kinesiske sopp*

*1 and*

*50g / 2oz røkt skinke, kuttet i strimler*

*100g / 4oz bambusskudd, kuttet i strimler*

*2 vårløk (skålløk), kuttet i strimler*

*2 skiver ingefærrot, kuttet i strimler*

*5 ml / 1 ts salt*

Bløtlegg soppen i lunkent vann i 30 minutter, og tøm deretter. Kast stilkene og skjær toppen i strimler. Ha alle ingrediensene i en varmefast bolle og legg i en panne fylt med vann til to tredjedeler av bollen er full. Kok opp, legg på lokk og kok på lav varme i ca 2 timer til anda er kokt, fyll på med kokende vann etter behov.

*And med bønnespirer*

for 4 personer

*225g / 8oz bønnespirer*

*45 ml / 3 ss peanøttolje (peanøtter)*

*450 g / 1 lb kokt andekjøtt*

*15 ml / 1 ss østerssaus*

*15 ml / 1 ss risvin eller tørr sherry*

*30 ml / 2 ss vann*

*2,5 ml / ½ ts salt*

Blancher bønnespirene i kokende vann i 2 minutter, og tøm deretter. Varm oljen, stek bønnespirene i 30 sekunder. Tilsett and, surr til den er gjennomvarme. Tilsett de resterende ingrediensene og stek i 2 minutter for å blande smakene. Server med en gang.

## stuet and

for 4 personer

*4 vårløk (skålløk), hakket*
*1 skive ingefærrot, hakket*
*120 ml / 4 fl oz / ½ kopp soyasaus*
*30 ml / 2 ss risvin eller tørr sherry*
*1 and*
*120 ml / 4 fl oz / ½ kopp peanøttolje (peanøtter)*
*600 ml / 1 pt / 2½ kopper vann*
*15 ml / 1 ss brunt sukker*

Bland vårløk, ingefær, soyasaus og vin eller sherry og gni det over anda innvendig og utvendig. Varm oljen og stek anda til den er lett gylden på alle sider. Tøm oljen. Tilsett vann og gjenværende soyasausblanding, kok opp, dekk til og la det småkoke i 1 time. Tilsett sukkeret, dekk til og la det småkoke i ytterligere 40 minutter til anda er mør.

*Dampet and med selleri*

for 4 personer

*350 g / 12 oz kokt and, i skiver*

*1 hode selleri*

*250 ml / 8 fl oz / 1 kopp kyllingbuljong*

*2,5 ml / ½ ts salt*

*5 ml / 1 ts sesamolje*

*1 tomat, kuttet i terninger*

Legg anda på en damprist. Skjær sellerien i 7,5 cm / 3 lange biter og legg i en panne. Hell i buljongen, smak til med salt og legg dampkokeren over pannen. Kok opp buljongen, la det så småkoke i ca 15 minutter til sellerien er mør og anda er gjennomvarme. Anrett and og selleri på et oppvarmet serveringsfat, dryss sellerien med sesamolje og server pyntet med tomatbåter.

*and med ingefær*

*for 4 personer*

*350 g / 12 oz andebryst, i tynne skiver*

*1 egg, lett pisket*

*5 ml / 1 ts soyasaus*

*5 ml / 1 ts maismel (maisstivelse)*

*5 ml / 1 ts peanøttolje*

*frityrolje*

*50g / 2oz bambusskudd*

*50 g / 2 oz snøerter*

*2 skiver ingefærrot, hakket*

*15 ml / 1 spiseskje vann*

*2,5 ml / ½ ts sukker*

*2,5 ml / ½ ts risvin eller tørr sherry*

*2,5 ml / ½ ts sesamolje*

Bland anda med egg, soyasaus, maisstivelse og olje og la hvile i 10 minutter. Varm oljen og stek and og bambusskudd til de er kokte og gylne. Ta ut av pannen og renne godt av. Hell i alt unntatt 15 ml / 1 ss olje fra pannen og fres anda, bambusskudd, snøerter, ingefær, vann, sukker og vin eller sherry i 2 minutter. Server drysset med sesamolje.

*And med grønne bønner*

for 4 personer

*1 and*

*60 ml / 4 ss peanøttolje*

*2 knuste hvitløksfedd*

*2,5 ml / ½ ts salt*

*1 hakket løk*

*15 ml / 1 ss revet rot ingefær*

*45 ml / 3 ss soyasaus*

*120 ml / 4 fl oz / ½ kopp risvin eller tørr sherry*

*60 ml / 4 ss tomatsaus (ketchup)*

*45 ml / 3 ss vineddik*

*300 ml / ½ pt / 1 ¼ kopper kyllingbuljong*

*1 pund / 450 g grønne bønner, i skiver*

*klype nykvernet pepper*

*5 dråper chiliolje*

*15 ml / 1 ss maismel (maisstivelse)*

*30 ml / 2 ss vann*

Kutt anda i 8-10 biter. Varm opp oljen og stek anda til den er gylden. Overfør til en bolle. Tilsett hvitløk, salt, løk, ingefær, soyasaus, vin eller sherry, tomatsaus og vineddik. Bland, dekk til og mariner i kjøleskapet i 3 timer.

Varm olje på nytt, tilsett and, kraft og marinade, kok opp, legg på lokk og la det småkoke i 1 time. Tilsett bønnene, dekk til og la det småkoke i 15 minutter. Tilsett pepper og chiliolje. Bland maismelet med vannet, rør det inn i pannen og kok på lav varme under omrøring til sausen tykner.

*stekt dampet and*

for 4 personer

*1 and*

*salt og nykvernet pepper*

*frityrolje*

*hoisinsaus*

Krydre anda med salt og pepper og legg i en varmefast bolle. Ha i en kjele fylt med vann til den er to tredjedeler av beholderens høyde, kok opp, dekk til og la det småkoke i ca 1 1/2 time til anda er mør. Tøm og la avkjøles.

Varm opp oljen og stek anda til den er sprø og gylden. Fjern og tøm godt. Kutt i små biter og server med hoisinsaus.

*And med eksotiske frukter*

for 4 personer

*4 andebrystfileter, kuttet i strimler*

*2,5 ml / ½ ts fem krydderpulver*

*30 ml / 2 ss soyasaus*

*15 ml / 1 ss sesamolje*

*15 ml / 1 ss peanøttolje*

*3 selleristilker, i terninger*

*2 ananasskiver, i terninger*

*100 g / 4 oz melon, i terninger*

*4 oz / 100 g litchi, halvert*

*130 ml / 4 fl oz / ½ kopp kyllingbuljong*

*30 ml / 2 ss tomatpuré (pasta)*

*30 ml / 2 ss hoisinsaus*

*10 ml / 2 ts vineddik*

*klype brunt sukker*

Legg anda i en bolle. Bland femkrydderspulveret, soyasausen og sesamolje, hell over anda og mariner i 2 timer, rør av og til. Varm oljen og stek anda i 8 minutter. Fjern fra pannen. Tilsett selleri og frukt og stek i 5 minutter. Ha anda tilbake i kjelen med resten av ingrediensene, kok opp og la det småkoke under omrøring i 2 minutter før servering.

*Braisert and med kinesiske blader*

for 4 personer

*1 and*

*30 ml / 2 ss risvin eller tørr sherry*

*30 ml / 2 ss hoisinsaus*

*15 ml / 1 ss maismel (maisstivelse)*

*5 ml / 1 ts salt*

*5 ml / 1 ts sukker*

*60 ml / 4 ss peanøttolje*

*4 vårløk (skålløk), hakket*

*2 knuste hvitløksfedd*

*1 skive ingefærrot, hakket*

*75 ml / 5 ss soyasaus*

*600 ml / 1 pt / 2½ kopper vann*

*8 oz / 225 g kinesiske blader, strimlet*

Skjær anda i ca 6 biter. Bland vin eller sherry, hoisinsaus, maisstivelse, salt og sukker og gni over anda. La stå i 1 time. Varm oljen og fres vårløk, hvitløk og ingefær i noen sekunder. Tilsett anda og stek til den er lett gylden på alle sider. Tøm eventuelt overflødig fett. Hell i soyasaus og vann, kok opp, dekk til og la det småkoke i ca 30 minutter. Tilsett de kinesiske bladene, dekk til igjen og la det småkoke i ytterligere 30 minutter til anda er mør.

*full and*

*for 4 personer*

*2 løkløk (løkløk), hakket*
*2 hakkede hvitløksfedd*
*1,5 l / 2½ pkt / 6 kopper vann*
*1 and*
*450 ml / ¾ pt / 2 kopper risvin eller tørr sherry*

Ha gressløk, hvitløk og vann i en stor kjele og kok opp. Tilsett anda, kok opp igjen, dekk til og la det småkoke i 45 minutter. Tøm godt, hold væsken til buljong. La anda avkjøles, og avkjøl deretter over natten. Skjær anda i biter og legg dem i en stor krukke med skruetopp. Hell over vinen eller sherryen og avkjøl i ca. 1 uke før den rennes av og serveres kald.

*fem krydder and*

for 4 personer

*150 ml / ¼ pt / sjenerøs ½ kopp risvin eller tørr sherry*

*150 ml / ¼ pt / sjenerøs ½ kopp soyasaus*

*1 and*

*10 ml / 2 ts fem krydderpulver*

Kok opp vin eller sherry og soyasaus. Tilsett anda og la det småkoke, snu i ca 5 minutter. Fjern anda fra pannen og gni femkrydderpulveret inn i skinnet. Legg fuglen tilbake i pannen og tilsett nok vann til å dekke anda halvveis. Kok opp, dekk til og kok på lav varme i ca 1 1/2 time til anda er mør, snu og tråkle ofte. Kutt anda i 5 cm / 2 stykker og server varm eller kald.

*Opprørt and med ingefær*

for 4 personer

*1 and*

*2 skiver ingefærrot, revet*

*2 løkløk (løkløk), hakket*

*15 ml / 1 ss maismel (maisstivelse)*

*30 ml / 2 ss soyasaus*

*30 ml / 2 ss risvin eller tørr sherry*

*2,5 ml / ½ ts salt*

*45 ml / 3 ss peanøttolje (peanøtter)*

Fjern kjøttet fra beina og skjær i biter. Bland kjøttet med alle de resterende ingrediensene bortsett fra oljen. La stå i 1 time. Varm opp oljen og stek anda i marinaden i ca 15 minutter til anda er mør.

*And med skinke og purre*

for 4 personer

1 and

450 g / 1 pund røkt skinke

2 purre

2 skiver ingefærrot, hakket

45 ml / 3 ss risvin eller tørr sherry

45 ml / 3 ss soyasaus

2,5 ml / ½ ts salt

Legg anda i en panne og bare dekk den med kaldt vann. Kok opp, dekk til og kok på lav varme i ca 20 minutter. Tøm og reserver 450 ml / ¾ pts / 2 kopper buljong. La anda avkjøles litt, skjær deretter kjøttet fra beina og skjær i 5 cm firkanter. Skjær skinken i lignende biter. Skjær lange biter av purre og rull en skive and og skinke inni laken og surr med hyssing. Legg i en varmebestandig beholder. Tilsett ingefær, vin eller sherry, soyasaus og salt til den reserverte buljongen og hell over anderullene. Plasser bollen i en kjele fylt med vann til den kommer to tredjedeler opp på sidene av bollen. Kok opp, dekk til og kok på svak varme i ca 1 time til anda er mør.

*stekt and med honning*

for 4 personer

*1 and*

*salt*

*3 fedd hvitløk, knust*

*3 løkløk (løkløk), hakket*

*45 ml / 3 ss soyasaus*

*45 ml / 3 ss risvin eller tørr sherry*

*45 ml / 3 ss honning*

*200 ml / 7 fl oz / snaut 1 kopp kokende vann*

Tørk anda og gni den med salt innvendig og utvendig. Bland hvitløk, vårløk, soyasaus og vin eller sherry, og del deretter blandingen i to. Bland honningen i to og gni over anda og la den tørke. Tilsett vannet til den resterende honningblandingen. Hell soyasausblandingen i hulrommet på anda og legg på rist i en langpanne med litt vann i bunnen. Stek i en forvarmet ovn ved 180°C/350°F/gassmerke 4 i ca. 2 timer til anda er mør, og tråkle gjennom hele tilberedningen med den resterende honningblandingen.

*våt stekt and*

for 4 personer

*6 vårløk (skålløk), hakket*

*2 skiver ingefærrot, hakket*

*1 and*

*2,5 ml / ½ teskje malt anis*

*15 ml / 1 ss sukker*

*45 ml / 3 ss risvin eller tørr sherry*

*60 ml / 4 ss soyasaus*

*250 ml / 8 fl oz / 1 kopp vann*

Legg halvparten av løkløken og ingefæren i en stor, tykkbasert panne. Plasser resten i hulrommet på anda og tilsett det i pannen. Tilsett alle de resterende ingrediensene unntatt hoisinsaus, kok opp, dekk til og la det småkoke i ca. 1 1/2 time, vend av og til. Ta anda ut av pannen og la den tørke i ca 4 timer.

Legg anda på en rist i en langpanne fylt med litt kaldt vann. Stek i en forvarmet ovn ved 230°C/450°F/gassmerke 8 i 15 minutter, snu og stek i ytterligere 10 minutter til den er sprø. I mellomtiden, varm opp reservert væske og hell over anda for å servere.

*Sautert and med sopp*

for 4 personer

*1 and*

*75 ml / 5 ss peanøttolje (peanøtter)*

*45 ml / 3 ss risvin eller tørr sherry*

*15 ml / 1 ss soyasaus*

*15 ml / 1 ss sukker*

*5 ml / 1 ts salt*

*en klype pepper*

*2 knuste hvitløksfedd*

*225 g / 8 oz sopp, delt i to*

*600 ml / 1 pkt / 2½ kopper kyllingbuljong*

*15 ml / 1 ss maismel (maisstivelse)*

*30 ml / 2 ss vann*

*5 ml / 1 ts sesamolje*

Hakk anda i 5 cm / 2 biter Varm 45 ml / 3 ss olje og stek anda til den er lett gylden på alle sider. Tilsett vin eller sherry, soyasaus, sukker, salt og pepper og kok i 4 minutter. Fjern fra pannen. Varm opp den resterende oljen og stek hvitløken til den er lett gylden. Tilsett soppen og rør til den akkurat er belagt med olje, og ha deretter andeblandingen tilbake i pannen og tilsett buljongen. Kok opp, dekk til og kok på svak varme i ca 1 time til anda er mør. Bland maismel og vann til du får en pasta, rør det deretter inn i blandingen og la det småkoke under omrøring til sausen tykner. Dryss over sesamolje og server.

*and med to sopp*

for 4 personer

*6 tørkede kinesiske sopp*

*1 and*

*750 ml / 1¼ pts / 3 kopper kyllingbuljong*

*45 ml / 3 ss risvin eller tørr sherry*

*5 ml / 1 ts salt*

*100g / 4oz bambusskudd, kuttet i strimler*

*100 g / 4 oz sopp*

Bløtlegg soppen i lunkent vann i 30 minutter, og tøm deretter. Kast stilkene og del toppene i to. Legg anda i en stor varmefast bolle med kraft, vin eller sherry og salt og legg i en kjele fylt med vann slik at den kommer to tredjedeler opp på sidene av bollen. Kok opp, dekk til og kok på svak varme i ca 2 timer til anda er mør. Ta ut av pannen og skjær kjøttet fra benet. Overfør kokevæsken til en separat panne. Plasser bambusskuddene og begge typer sopp i bunnen av dampkokeren, bytt andekjøttet, dekk til og damp i ytterligere 30 minutter. Kok opp kokevæsken og hell over anda til servering.

*Braisert and med løk*

for 4 personer

*4 tørkede kinesiske sopp*

*1 and*

*90 ml / 6 ss soyasaus*

*60 ml / 4 ss peanøttolje*

*1 vårløk (skålløk), hakket*

*1 skive ingefærrot, hakket*

*45 ml / 3 ss risvin eller tørr sherry*

*1 pund / 450 g løk, i skiver*

*100g / 4oz bambusskudd, i skiver*

*15 ml / 1 ss brunt sukker*

*15 ml / 1 ss maismel (maisstivelse)*

*45 ml / 3 ss vann*

Bløtlegg soppen i lunkent vann i 30 minutter, og tøm deretter. Kast stilkene og skjær av toppene. Gni 15 ml / 1 ss soyasaus inn i anda. Reserver 15 ml / 1 ss olje, varm opp den resterende oljen og stek vårløken og ingefæren lett gylden. Tilsett anda og stek til den er lett gylden på alle sider. Eliminerer overflødig fett. Tilsett vinen eller sherryen, den resterende soyasausen i pannen og nok vann til å nesten dekke anda. Kok opp, dekk til og kok på lav varme i 1 time, snu av og til.

Varm opp den reserverte oljen og stek løken til den er myk. Fjern fra varmen og tilsett bambusskuddene og soppen, legg deretter til anda, dekk til og la det småkoke i ytterligere 30 minutter til anda er mør. Fjern anda fra pannen, kutt i biter og legg på en varm serveringsplate. Kok opp væskene i kjelen, tilsett sukker og maisenna og la det småkoke under omrøring til blandingen koker og tykner. Hell over anda for å servere.

*And med appelsin*

for 4 personer

*1 and*
*3 vårløk (skålløk), kuttet i biter*
*2 skiver ingefærrot, kuttet i strimler*
*1 skive appelsinskall*
*salt og nykvernet pepper*

Legg anda i en stor kjele, bare dekk med vann og kok opp. Tilsett vårløk, ingefær og appelsinskall, legg på lokk og la det småkoke i ca 1 1/2 time til anda er mør. Smak til med salt og pepper, hell av og server.

*stekt and med appelsin*

for 4 personer

*1 and*

*2 fedd hvitløk, delt i to*

*45 ml / 3 ss peanøttolje (peanøtter)*

*1 løk*

*1 appelsin*

*120 ml / 4 fl oz / ½ kopp risvin eller tørr sherry*

*2 skiver ingefærrot, hakket*

*5 ml / 1 ts salt*

Gni hvitløk over anda innvendig og utvendig og pensle deretter med olje. Stikk hull i den skrellede løken med en gaffel, legg den sammen med den uskrellede appelsinen inne i hulrommet i anda og forsegl med et spyd. Legg anda på en rist over en langpanne fylt med litt varmt vann og stek i en forvarmet ovn ved 160°C/325°F/gassmerke 3 i ca. 2 timer. Kast væskene og ha anda tilbake i stekepannen. Hell over vinen eller sherryen og strø over ingefær og salt. Sett tilbake i ovnen i ytterligere 30 minutter. Kast løken og appelsinen og skjær anda i biter til servering. Hell pannesaften over anda for servering.

*And med pærer og kastanjer*

for 4 personer

*8 oz / 225 g kastanjer, med skall*

*1 and*

*45 ml / 3 ss peanøttolje (peanøtter)*

*250 ml / 8 fl oz / 1 kopp kyllingbuljong*

*45 ml / 3 ss soyasaus*

*15 ml / 1 ss risvin eller tørr sherry*

*5 ml / 1 ts salt*

*1 skive ingefærrot, hakket*

*1 stor pære, skrelt og tykke skiver*

*15 ml / 1 ss sukker*

Kok kastanjene i 15 minutter og la dem renne av. Hakk anda i 5 cm / 2 biter Varm oljen og stek anda til den er lett gylden på alle sider. Tøm av overflødig olje, og tilsett deretter buljong, soyasaus, vin eller sherry, salt og ingefær. Kok opp, dekk til og la det småkoke i 25 minutter, rør av og til. Tilsett kastanjene, dekk til og la det småkoke i ytterligere 15 minutter. Dryss pæren med sukker, tilsett i pannen og la det småkoke i ca 5 minutter til den er gjennomvarme.

*pekingand*

for 6

*1 and*

*250 ml / 8 fl oz / 1 kopp vann*

*120 ml / 4 fl oz / ½ kopp honning*

*120 ml / ½ kopp sesamolje*

*Til pannekakene:*

*250 ml / 8 fl oz / 1 kopp vann*

*225 g / 8 oz / 2 kopper vanlig mel (alle formål)*

*peanøttolje til steking*

Til sausene:

*120 ml / 4 fl oz / ½ kopp hoisinsaus*

*30 ml / 2 ss brunt sukker*

*30 ml / 2 ss soyasaus*

*5 ml / 1 ts sesamolje*

*6 vårløk (skålløk), i skiver på langs*

*1 agurk kuttet i strimler*

Anda skal være hel med skinnet intakt. Knyt nakken godt med hyssing og sy eller tre den nederste åpningen. Klipp en liten spalte i siden av halsen, stikk inn et sugerør og blås luft under huden til det blåser opp. Heng anda over en kum og la den hvile i 1 time.

Kok opp en kjele med vann, tilsett anda og kok i 1 minutt, ta deretter ut og tørk godt. Kok opp vannet og tilsett honningen. Gni blandingen over andeskinnet til den er mettet. Heng anda over en beholder på et kjølig, luftig sted i ca 8 timer til skinnet er hardt.

Heng anda eller legg den på en rist over en langpanne og stek i en forvarmet ovn ved 180°C/350°F/gassmerke 4 i ca. 1½ time, og tø jevnlig med sesamolje.

For å lage pannekakene, kok opp vannet, og tilsett deretter melet gradvis. Elt lett til deigen er myk, dekk til med et fuktig klede og la hvile i 15 minutter. Kjevle ut på melet overflate og form til en lang sylinder. Skjær i 2,5 cm / 1 i skiver, flat til ca. 5 mm / ¼ tykk og pensle toppen med olje. Stables i par med oljede overflater som berører hverandre og dryss lett på utsiden med mel. Kjevle ut parene til ca 10 cm/4in brede og stek to og to i ca 1 minutt på hver side til de er lett gylne. Skille og stable til klar til servering.

Forbered sausene ved å blande halvparten av hoisinsausen med sukkeret og blande resten av hoisinsausen med soyasausen og sesamolje.

Ta anda ut av ovnen, skjær skinnet og skjær i firkanter, og skjær kjøttet i terninger. Anrett på separate tallerkener og server med pannekaker, sauser og sider.

*Stuet and med ananas*

for 4 personer

*1 and*

*400 g / 14 oz ananasbiter hermetisert i sirup*

*45 ml / 3 ss soyasaus*

*5 ml / 1 ts salt*

*klype nykvernet pepper*

Legg anda i en tykkbasert panne, dekk bare med vann, kok opp, dekk til og la det småkoke i 1 time. Hell ananassirupen i pannen med soyasaus, salt og pepper, dekk til og la det småkoke i ytterligere 30 minutter. Tilsett ananasbitene og la det småkoke i ytterligere 15 minutter til anda er mør.

## Sautert and med ananas

for 4 personer

1 and

45 ml / 3 ss maismel (maisstivelse)

45 ml / 3 ss soyasaus

225 g / 8 oz ananas hermetisert i sirup

45 ml / 3 ss peanøttolje (peanøtter)

2 skiver ingefærrot, kuttet i strimler

15 ml / 1 ss risvin eller tørr sherry

5 ml / 1 ts salt

Skjær kjøttet fra benet og skjær i biter. Bland soyasausen med 30 ml / 2 ss maismel og bland inn i anda til den er godt dekket. La stå i 1 time, rør av og til. Knus ananas og sirup og varm forsiktig i en panne. Bland resten av maismelet med litt vann, rør inn i pannen og kok på lav varme under omrøring til sausen tykner. Hold deg varm. Varm oljen og stek ingefæren til den er lett gylden, kast deretter ingefæren. Tilsett anda og stek til den er lett gylden på alle sider. Tilsett vin eller sherry og salt og stek i noen minutter til til anda er kokt. Anrett anda på et oppvarmet serveringsfat, hell over sausen og server umiddelbart.

*Ananas ingefærand*

for 4 personer

*1 and*

*100 g / 4 oz hermetisk ingefær i sirup*

*200 g / 7 oz ananasbiter hermetisert i sirup*

*5 ml / 1 ts salt*

*15 ml / 1 ss maismel (maisstivelse)*

*30 ml / 2 ss vann*

Plasser anda i en varmefast bolle og legg i en panne fylt med vann til den er to tredjedeler opp på sidene av bollen. Kok opp, dekk til og kok på svak varme i ca 2 timer til anda er mør. Ta ut anda og la den avkjøles litt. Fjern skinn og bein og skjær anda i biter. Anrett på et serveringsfat og hold det varmt.

Tøm ingefær- og ananassirupen i en panne, tilsett salt, maismel og vann. Kok opp under omrøring og la det småkoke i noen minutter under omrøring til sausen tynner og tykner. Tilsett ingefær og ananas, rør og hell over anda til servering.

*And med ananas og litchi*

*for 4 personer*

*4 andebryst*

*15 ml / 1 ss soyasaus*

*1 stjerneanis nellik*

*1 skive ingefærrot*

*peanøttolje til steking*

*90 ml / 6 ss vineddik*

*100 g / 4 oz / ½ kopp brunt sukker*

*250 ml / 8 fl oz / ½ kopp kyllingbuljong*

*15 ml / 1 ss tomatsaus (ketchup)*

*200 g / 7 oz ananasbiter hermetisert i sirup*

*15 ml / 1 ss maismel (maisstivelse)*

*6 litchi på boks*

*6 maraschino kirsebær*

Legg ender, soyasaus, anis og ingefær i en kjele og dekk med kaldt vann. Kok opp, skum, legg på lokk og la det småkoke i ca 45 minutter til anda er kokt. Tørk av og tørk. Stek i varm olje til den er sprø.

Kombiner i mellomtiden vineddik, sukker, kraft, tomatsaus og 30 ml/2 ss ananassirup i en kjele, kok opp og la det småkoke i ca. 5 minutter til det tykner. Tilsett frukt og varm opp før du heller over anda til servering.

*And med svinekjøtt og kastanjer*

for 4 personer

*6 tørkede kinesiske sopp*

*1 and*

*8 oz / 225 g kastanjer, med skall*

*225 g / 8 oz magert svinekjøtt, i terninger*

*3 løkløk (løkløk), hakket*

*1 skive ingefærrot, hakket*

*250 ml / 8 fl oz / 1 kopp soyasaus*

*900 ml / 1½ pts / 3¾ kopper vann*

Bløtlegg soppen i lunkent vann i 30 minutter, og tøm deretter. Kast stilkene og skjær av toppene. Ha i en stor panne med alle de resterende ingrediensene, kok opp, dekk til og la det småkoke i ca 1 1/2 time til anda er kokt.

*And med poteter*

for 4 personer

*75 ml / 5 ss peanøttolje (peanøtter)*

*1 and*

*3 fedd hvitløk, knust*

*30 ml / 2 ss svart bønnesaus*

*10 ml / 2 ts salt*

*1,2 l / 2 pkt / 5 kopper vann*

*2 purre, tykke skiver*

*15 ml / 1 ss sukker*

*45 ml / 3 ss soyasaus*

*60 ml / 4 ss risvin eller tørr sherry*

*1 stjerneanis nellik*

*900 g / 2 lb poteter, tykke skiver*

*½ hode kinesiske blader*

*15 ml / 1 ss maismel (maisstivelse)*

*30 ml / 2 ss vann*

*flatbladpersillekvister*

Varm 60 ml / 4 ss olje og stek anda til den er gyldenbrun på alle sider. Knyt eller sy enden av halsen og legg anda med nakkesiden ned i en dyp bolle. Varm opp den resterende oljen og stek hvitløken til den er lett gylden. Tilsett den sorte bønnesausen og saltet og stek i 1 minutt. Tilsett vann, purre, sukker, soyasaus, vin eller sherry og stjerneanis og kok opp. Hell 120 ml / 8 fl oz / 1 kopp av blandingen inn i hulrommet til anda og knyt eller sy for å feste. Kok opp resten av blandingen i pannen. Tilsett anda og potetene, dekk til og la det småkoke i 40 minutter, snu anda en gang. Anrett de kinesiske bladene på et serveringsfat. Fjern anda fra pannen, skjær i 5 cm / 2 biter og legg på serveringsfatet med potetene. Bland maismelet med vannet til du får en pasta, rør det inn i pannen og kok på lav varme under omrøring til sausen tykner.

Rød kokt and

for 4 personer

*1 and*
*4 vårløk (skålløk), kuttet i biter*
*2 skiver ingefærrot, kuttet i strimler*
*90 ml / 6 ss soyasaus*
*45 ml / 3 ss risvin eller tørr sherry*
*10 ml / 2 ts salt*
*10 ml / 2 ts sukker*

Legg anda i en tykk panne, bare dekk med vann og kok opp. Tilsett gressløk, ingefær, vin eller sherry og salt, dekk til og la det småkoke i ca 1 time. Tilsett sukkeret og la det småkoke i ytterligere 45 minutter til anda er mør. Skjær anda i skiver på et serveringsfat og server varm eller kald, med eller uten saus.

## Risvinstekt and

for 4 personer

*1 and*

*500 ml / 1¾ kopper risvin eller tørr sherry*

*5 ml / 1 ts salt*

*45 ml / 3 ss soyasaus*

Legg anda i en tykkbasert panne med sherry og salt, kok opp, legg på lokk og stek på lav varme i 20 minutter. Tøm anda, ta vare på væsken og gni den med soyasaus. Legg på en rist i en stekepanne fylt med litt varmt vann og stek i en forvarmet ovn ved 180 °C / 350 °F / gassmerke 4 i ca. 1 time, og tråkle regelmessig med den reserverte vinvæsken.

*Dampet and med risvin*

for 4 personer

*1 and*
*4 løkløk (skålløk), delt i to*
*1 skive ingefærrot, hakket*
*250 ml / 1 kopp risvin eller tørr sherry*
*30 ml / 2 ss soyasaus*
*klype salt*

Blancher anda i kokende vann i 5 minutter og la den renne av. Ha i en varmefast bolle med de resterende ingrediensene. Plasser bollen i en kjele fylt med vann til den kommer to tredjedeler opp på sidene av bollen. Kok opp, dekk til og kok på svak varme i ca 2 timer til anda er mør. Kast gressløk og ingefær før servering.

salt and

for 4 personer

45 ml / 3 ss peanøttolje (peanøtter)

4 andebryst

3 vårløk (skålløk), i skiver

2 knuste hvitløksfedd

1 skive ingefærrot, hakket

250 ml / 8 fl oz / 1 kopp soyasaus

30 ml / 2 ss risvin eller tørr sherry

30 ml / 2 ss brunt sukker

5 ml / 1 ts salt

450 ml / ¾ pt / 2 kopper vann

15 ml / 1 ss maismel (maisstivelse)

Varm oljen og stek andebrystene til de er gylne. Tilsett gressløk, hvitløk og ingefær og stek i 2 minutter. Tilsett soyasaus, vin eller sherry, sukker og salt og bland godt. Tilsett vann, kok opp, dekk til og la det småkoke i ca 1 1/2 time til kjøttet er veldig mørt. Bland maismelet med litt vann, rør det så inn i pannen og kok på lav varme under omrøring til sausen tykner.

*Saltet and med grønne bønner*

for 4 personer

*45 ml / 3 ss peanøttolje (peanøtter)*

*4 andebryst*

*3 vårløk (skålløk), i skiver*

*2 knuste hvitløksfedd*

*1 skive ingefærrot, hakket*

*250 ml / 8 fl oz / 1 kopp soyasaus*

*30 ml / 2 ss risvin eller tørr sherry*

*30 ml / 2 ss brunt sukker*

*5 ml / 1 ts salt*

*450 ml / ¾ pt / 2 kopper vann*

*225g / 8oz grønne bønner*

*15 ml / 1 ss maismel (maisstivelse)*

Varm oljen og stek andebrystene til de er gylne. Tilsett gressløk, hvitløk og ingefær og stek i 2 minutter. Tilsett soyasaus, vin eller sherry, sukker og salt og bland godt. Tilsett vannet, kok opp, dekk til og la det småkoke i ca 45 minutter. Tilsett bønnene, dekk til og la det småkoke i ytterligere 20 minutter. Bland maismelet med litt vann, rør det så inn i pannen og kok på lav varme under omrøring til sausen tykner.

*saktekokt and*

for 4 personer

*1 and*

*50 g / 2 oz / ½ kopp maismel (maisstivelse)*

*frityrolje*

*2 knuste hvitløksfedd*

*30 ml / 2 ss risvin eller tørr sherry*

*30 ml / 2 ss soyasaus*

*5 ml / 1 ts revet ingefærrot*

*750 ml / 1¼ pts / 3 kopper kyllingbuljong*

*4 tørkede kinesiske sopp*

*225g / 8oz bambusskudd, i skiver*

*225 g / 8 oz vannkastanjer, i skiver*

*10 ml / 2 ts sukker*

*en klype pepper*

*5 vårløk (skålløk), i skiver*

Skjær anda i små biter. Reserver 30 ml / 2 ss maismel og belegg anda med det resterende maismelet. Støv av overflødig pulver. Varm opp oljen og stek hvitløken og anda til de er lett gylne. Ta ut av pannen og la renne av på kjøkkenpapir. Legg anda i en stor panne. Bland vinen eller sherryen, 15 ml / 1 ss soyasaus og ingefær. Tilsett i pannen og kok over høy varme i 2 minutter. Tilsett halvparten av buljongen, kok opp, legg på lokk og la det småkoke i ca 1 time til anda er mør.

I mellomtiden, bløtlegg sopp i varmt vann i 30 minutter, og tøm deretter. Kast stilkene og skjær av toppene. Tilsett sopp, bambusskudd og vannkastanjer til anda og kok, rør ofte, i 5 minutter. Skum fettet fra væsken. Bland resten av buljongen, maismel og soyasaus med sukker og pepper og rør i pannen. Kok opp under omrøring og la det småkoke i ca 5 minutter til sausen tykner. Ha over i en varm serveringsbolle og server pyntet med gressløk.

*Sautert and*

for 4 personer

*1 eggehvite, lett pisket*

*20 ml / 1½ spiseskje maismel (maisstivelse)*

*salt*

*450 g / 1 lb andebryst, i tynne skiver*

*45 ml / 3 ss peanøttolje (peanøtter)*

*2 vårløk (skålløk), kuttet i strimler*

*1 grønn paprika kuttet i strimler*

*5 ml / 1 ts risvin eller tørr sherry*

*75 ml / 5 ss kyllingbuljong*

*2,5 ml / ½ ts sukker*

Pisk eggehviten med 15 ml / 1 ss maismel og en klype salt. Tilsett oppskåret and og bland til anda er belagt. Varm oljen og stek anda til den er gjennomstekt og gylden. Fjern anda fra pannen og tøm alt bortsett fra 30 ml / 2 ss olje. Tilsett vårløk og paprika og stek i 3 minutter. Tilsett vin eller sherry, buljong og sukker og kok opp. Bland det resterende maismelet med litt vann, rør det inn i sausen og la det småkoke under omrøring til sausen tykner. Tilsett anda, varm opp og server.

*and med søtpoteter*

for 4 personer

*1 and*

*250 ml / 8 fl oz / 1 kopp peanøttolje (peanøtter)*

*8 oz / 225g søtpoteter, skrelt og i terninger*

*2 knuste hvitløksfedd*

*1 skive ingefærrot, hakket*

*2,5 ml / ½ teskje kanel*

*2,5 ml / ½ teskje malt nellik*

*klype malt anis*

*5 ml / 1 ts sukker*

*15 ml / 1 ss soyasaus*

*250 ml / 8 fl oz / 1 kopp kyllingbuljong*

*15 ml / 1 ss maismel (maisstivelse)*

*30 ml / 2 ss vann*

Kutt anda i 5 cm / 2 biter Varm oljen og stek potetene til de er gyldenbrune. Ta dem ut av pannen og tøm alt unntatt 30 ml / 2 ss olje. Tilsett hvitløk og ingefær og stek i 30 sekunder. Tilsett anda og stek til den er lett gylden på alle sider. Tilsett krydder, sukker, soyasaus og buljong og kok opp. Tilsett potetene, legg på lokk og la det småkoke i ca 20 minutter til anda er mør. Bland maismelet til en pasta med vannet, rør det deretter inn i pannen og la det småkoke under omrøring til sausen tykner.

*søt og sur and*

for 4 personer

*1 and*

*1,2 l / 2 poeng / 5 kopper kyllingbuljong*

*2 løk*

*2 gulrøtter*

*2 fedd hvitløk, i skiver*

*15 ml / 1 ss syltende krydder*

*10 ml / 2 ts salt*

*10 ml / 2 ts peanøttolje*

*6 vårløk (skålløk), hakket*

*1 mango, skrelt og i terninger*

*12 litchi, delt i to*

*15 ml / 1 ss maismel (maisstivelse)*

*15 ml / 1 ss vineddik*

*10 ml / 2 ts tomatpuré (pasta)*

*15 ml / 1 ss soyasaus*

*5 ml / 1 ts fem krydderpulver*

*300 ml / ½ pt / 1¼ kopper kyllingbuljong*

Legg anda i en dampkurv over en panne som inneholder buljong, løk, gulrot, hvitløk, sylteagurk og salt. Dekk til og damp i 2 1/2 time. Avkjøl anda, dekk til og la avkjøles i 6 timer. Fjern kjøttet fra beina og skjær i terninger. Varm oljen og stek and og gressløk til den er sprø. Tilsett resten av ingrediensene, kok opp og la det småkoke i 2 minutter under omrøring til sausen tykner.

*mandarin and*

for 4 personer

*1 and*

*60 ml / 4 ss peanøttolje*

*1 stykke tørket mandarinskall*

*900 ml / 1½ poeng / 3¾ kopper kyllingbuljong*

*5 ml / 1 ts salt*

Heng anda til tørk i 2 timer. Varm opp halvparten av oljen og stek anda til den er lett gylden. Overfør til en stor varmefast bolle. Varm opp den resterende oljen og stek mandarinskallet i 2 minutter og legg det deretter inni anda. Hell buljongen over anda og smak til med salt. Sett bollen på rist i en dampkoker, dekk til og damp i ca 2 timer til anda er mør.

*And med grønnsaker*

for 4 personer

*1 stor and, kuttet i 16 biter*

*salt*

*300 ml / ½ pt / 1¼ kopper vann*

*300 ml / ½ pt / 1¼ kopper tørr hvitvin*

*120 ml / 4 fl oz / ½ kopp vineddik*

*45 ml / 3 ss soyasaus*

*30 ml / 2 ss plommesaus*

*30 ml / 2 ss hoisinsaus*

*5 ml / 1 ts fem krydderpulver*

*6 vårløk (skålløk), hakket*

*2 hakkede gulrøtter*

*5 cm / 2 hakket hvit reddik*

*50g / 2oz bok choy, i terninger*

*nykvernet pepper*

*5 ml / 1 ts sukker*

Ha andebitene i en bolle, dryss over salt og tilsett vann og vin. Tilsett vineddik, soyasaus, plommesaus, hoisinsaus og pulver med fem krydder, kok opp, dekk til og la det småkoke i ca 1 time. Tilsett grønnsakene i pannen, ta av lokket og la det småkoke i 10 minutter til. Smak til med salt, pepper og sukker og avkjøl. Dekk til og avkjøl over natten. Trim fettet, varm deretter anda i sausen i 20 minutter.

*Sautert and med grønnsaker*

for 4 personer

*4 tørkede kinesiske sopp*

*1 and*

*10 ml / 2 ts maismel (maisstivelse)*

*15 ml / 1 ss soyasaus*

*45 ml / 3 ss peanøttolje (peanøtter)*

*100g / 4oz bambusskudd, kuttet i strimler*

*50g / 2oz vannkastanjer, kuttet i strimler*

*120 ml / 4 fl oz / ½ kopp kyllingbuljong*

*15 ml / 1 ss risvin eller tørr sherry*

*5 ml / 1 ts salt*

Bløtlegg soppen i lunkent vann i 30 minutter, og tøm deretter. Kast stilkene og del toppene i terninger. Fjern kjøttet fra beina og skjær i biter. Bland maismel og soyasaus, tilsett andekjøttet og la hvile i 1 time. Varm oljen og stek anda til den er lett gylden på alle sider. Fjern fra pannen. Tilsett sopp, bambusskudd og vannkastanjer i pannen og stek i 3 minutter. Tilsett kraft, vin eller sherry og salt, kok opp og la det småkoke i 3 minutter. Ha anda tilbake i pannen, dekk til og la det småkoke i ytterligere 10 minutter til anda er mør.

*Hvit kokt and*

for 4 personer

*1 skive ingefærrot, hakket*
*250 ml / 1 kopp risvin eller tørr sherry*
*salt og nykvernet pepper*
*1 and*
*3 løkløk (løkløk), hakket*
*5 ml / 1 ts salt*
*100g / 4oz bambusskudd, i skiver*
*100g / 4oz røkt skinke, i skiver*

Bland ingefær, 15 ml / 1 ss vin eller sherry, litt salt og pepper. Gni over anda og la stå i 1 time. Legg fuglen i en tykkbasert panne med marinaden og tilsett løk og salt. Tilsett nok kaldt vann til å dekke anda, kok opp, dekk til og la det småkoke i ca 2 timer til anda er mør. Tilsett bambusskudd og skinke og la det småkoke i ytterligere 10 minutter.

*and med vin*

for 4 personer

*1 and*

*15 ml / 1 ss gul bønnesaus*

*1 skivet løk*

*1 flaske tørr hvitvin*

Gni anda inn og ut med den gule bønnesausen. Legg løken inne i hulrommet. Kok opp vinen i en stor kjele, tilsett anda, kok opp igjen, legg på lokk og la det småkoke i ca 3 timer til anda er mør. Hell av og skjær i skiver til servering.

www.ingramcontent.com/pod-product-compliance
Lightning Source LLC
Chambersburg PA
CBHW070414120526
44590CB00014B/1394